润物有声

——高中学科教学渗透社会主义核心价值观研究

沈正晖　吴丹丹　陈潘·主编

九州出版社
JIUZHOUPRESS

图书在版编目(CIP)数据

润物有声：高中学科教学渗透社会主义核心价值观研究 / 沈正晖, 吴丹丹, 陈潘主编. -- 北京：九州出版社, 2018.1

ISBN 978-7-5108-6549-7

Ⅰ.①润… Ⅱ.①沈… ②吴… ③陈… Ⅲ.①思想政治教育－教学研究－高中 Ⅳ.①G631

中国版本图书馆CIP数据核字(2018)第015904号

润物有声——高中学科教学渗透社会主义核心价值观研究

作　　者	沈正晖　吴丹丹　陈潘　主编
出版发行	九州出版社
地　　址	北京市西城区阜外大街甲35号(100037)
发行电话	(010)68992190/3/5/6
网　　址	www.jiuzhoupress.com
电子信箱	jiuzhou@jiuzhoupress.com
印　　刷	廊坊市国彩印刷有限公司
开　　本	880毫米×1230毫米　32开
印　　张	5.5
字　　数	230千字
版　　次	2019年1月第1版
印　　次	2019年1月第1次印刷
书　　号	ISBN 978-7-5108-6549-7
定　　价	25.00元

目　录

高中学科教学渗透社会主义核心价值观研究现状综述

作者: 吴丹丹　陈潘

　　摘　要:2006年10月,党的十六届六中全会第一次明确提出了"建设社会主义核心价值体系"的重大命题和战略任务。2012年11月,十八大报告明确了社会主义核心价值观的具体内容。学界对社会主义核心价值观的研究成果较多,但高中学科教学渗透社会主义核心价值观的研究仍处于起步阶段。从现有成果看,存在成果丰硕,但质量不佳;成果分布不均衡;社会主义核心价值观与核心素养研究并重;科研课题推动研究持续深入;重视主流文化表达,忽视少数民族文化等特点。

　　关键词:高中;学科教学;社会主义核心价值观;研究现状

1

2006年10月,党的十六届六中全会第一次明确提出了"建设社会主义核心价值体系"的重大命题和战略任务,明确提出了社会主义核心价值体系的内容,学界即对社会主义核心价值观的概括开始了深入探讨,如秋石《论社会主义核心价值体系》(《求是》,2006年第24期)深入阐述了社会主义核心价值体系的四个基本内容和深远意义。2012年11月,十八大报告明确提出"三个倡导",即"倡导富强、民主、文明、和谐,倡导自由、平等、公正、法治,倡导爱国、敬业、诚信、友善,积极培育社会主义核心价值观",这是对社会主义核心价值观的最新概括。近年来,学术界对社会主义核心价值的研究比较深入,如郭建宁《社会主义核心价值观基本内容释义》(人民出版社,2015年)在系统论述社会主义核心价值观提出与意义的基础上,系统的对基本内容做了细致的解读,并探讨了培育与践行社会主义核心价值观的具体途径。其他学者也对基本内容、逻辑体系、深远意义做了详细解读,文献数量较多,成果相当丰富,在此不做赘述。

本文结合笔者工作实际,将就高中学科教学渗透社会主义核心价值观的研究成果进行初步的梳理,以利来者。

一、社会主义核心价值观青少年读本研究

2013年,中共中央办公厅印发《关于培育和践行社会主义核心价值观的意见》,明确要求"把培育和践行社会主义核心价值观融入国民教育全过程",全国开始了轰轰烈烈地培育和践行社会主义核心价值观的教育活动,为更好地适应中学生的认知水平,一大批社会主义核心价值观中学生、青少年读本相继问世。如《社会主义核心价值观青少年读本(中学生版)》(石国亮、史宏,人民日报出版社,2014年)、《培育和践行社会主义核心价值观青少读本》(季明,人民日报出版社,2014年)、《社会主义核心价值观青少年读本 中学生版》(教育部思想政治工作司,人民出版社,2014年)、《社会主义核心价值观中学生读本》(刘艳红,中国少年儿童出版社,2015年)、《培育和践行社会主义核心价值观中学生读本》(高敬,花山文艺出版社,2015年)、《社会主义核心价值观文化读本 微言大义》(逄增玉,北京时代华文书局,2016年)、《社会主义核心价值观 高中版》(刘湘溶,湖南师范大学出版社,2017年)等,另外山东省、广东省、湖南省、重庆市等地也出版了具有地方特色的读本,从不同角度帮助青少年学生理解社会主义核心价值观的基本内涵,领会培育和践行社会主义核心价值观的时代意义和深远历史意义;引领学生把个人的人生价值追求与社会主义的核心价值追求结合起来,在个人成长过程中自觉培育和践行社会主义核心价值观。

目前有部分专著和论文将社会主义核心价值观与国学进行融合,如《国学与社会主义核心价值观》(曹雅欣,光明日报出版社,2015)、《社会主义核心价值观国学参考读本》(编写组,新华出版社,2015),但前者理论性太强,后者全为事例,缺少深层次的探讨。

《<高中生践行社会主义核心价值观教程>编写摭谈》(高宏群,《中学政治教学参考》,2015年第28期)探讨了高中生读本编写的基本原则。

二、社会主义核心价值观融入德育研究

该部分的研究成果多集中于国民教育和高等教育阶段,诸如徐州师范大学陈延斌教授主持的2010年度国家社会科学基金项目《社会主义核心价值体系融入国民教育和精神文明建设全过程对策研究》,立足于社会主义核心价值观融入教育的现状,以提高融入教育实效性为着力点,研究并制订了社会主义核心价值观融入国民教育的整体规划、具体指标体系、基本路径、方法与实效性对策,并介绍了欧美相关研究成果与经验。徐贵权主持的江苏高校哲学社会科学研究重大项目《社会主义核心价值体系融入国民教育方法途径研究》也提出了相关研究思路与框架。

而对于中小学阶段的研究成果数量相对较少,但部分硕博士论文已经开始对此有所关注。如《大中小学社会主义核心价值观教育衔接机制研究——以江西省为例》(肖如恩,南昌大学博士学位论文,2016年)认为大学、中学和小学应该根据本阶段的学生身心发展特点及社会主义核心价值观教育的特征,合理分工与协作,实现大中小学社会主义核心价值观教育平稳、有序和良性衔接。论文在探讨社会主义核心价值观教育衔接一般理论的基础上,通过理论与实证相结合的方式,借鉴古今中外的社会主义核心价值观教育衔接经验,调查大中小学社会主义核心价值观教育衔接现状,进而提出促进大中小学社会主义核心价值观教育衔接的不同机制,以期推动社会主义核心价值观教育衔接理念的形成。

《中学生社会主义核心价值体系教育路径研究》(徐景新,河南师范大学硕士学位论文,2013年)、《社会主义核心价值体系融入中学德育研究》(李志大,鲁东

大学硕士学位论文,2013年)、《社会主义核心价值体系融入中学德育过程问题研究》(王冬临,内蒙古师范大学硕士学位论文,2012年),这些论文对于社会主义核心价值体系融入德育的意义、途径、策略、原则均作了有益的探索。

三、学科教学渗透社会主义核心价值观研究

1.语文学科

《春风化雨、润物无声——语文教学有效渗透社会主义核心价值观》(陈玲玲、高淑香,《语文建设》,2013年第30期)、《社会主义核心价值观有机融入语文课程设计》,(李孔文,《课程教材教法》,2014年第12期)、《高中语文教学与社会主义核心价值观培育的契合度研究》,(尤貌难,《考试周刊》,2014年第55期)、《将社会主义核心价值观融入高中教学》(陈戈、周义,《才智》,2014年第20期)、《语文教学对高中生社会责任感的培养》(龙潇,《基础教育参考》,2017年第12期)、《社会主义核心价值观在高中语文教学中的着力点》(王盛,《教书育人》,2017年第8期)、《语文教学要坚持立德树人的根本方向》(韩录平,《考试周刊》,2017年第4期)、《在语文教学中渗透社会主义核心价值观》(宋丽娟,《考试周刊》,2016年第88期)、《社会主义核心价值观在高中语文学科中的引领研究》(刘淑娟,《课程教育研究(新教师教学)》,2016年第12期)等论文从必要性、契合度、着力点及具体路径等角度论述了语文学科渗透社会主义核心价值观。《农村中学语文教学目标中渗透社会主义核心价值观探讨》(刘国清,《吉林教育》,2017年第31期)、《农村高中语文教学弘扬社会主义核心价值观实施路径的思考》(彭国良,《当代教育理论与实践》,2016年第12期)两文则专题探讨了农村高中语文教学渗透社会主义核心价值观。

《语文教材与社会主义核心价值观培育——社会主义核心价值观进语文教材情况分析之一》,(胡立新,《荆楚学术论丛》,2015年第1期)、《语文教材与社会主义核心价值观培育——社会主义核心价值观进语文教材情况分析之二》(陈志平,《荆楚学术论丛》,2015年第1期)、《初中语文教材与社会主义核心价值观培育:社会主义核心价值观进语文教材情况分析之三》(冯明,《荆楚学术论丛》,2015年第1期)系列论文对人教版小学、初中、高中语文教材各篇目中所蕴含的社会主义核心价值观状况作出统计后从进行分析发现,人教版本语文教材充分体现了社会主义核心价值观的主导地位,但也存在一些问题和不足,如价值观的比重严重失衡,有些没有体现,有些比重很低,有些比重太高,大批课文陈旧,结

合当今现实不够,且在个体、社会、国家三个层面的分布上也存在问题。同时,作者认为应当根据学生年龄及身心特点,选取既能够结合现实又能够全面体现社会主义核心价值观要素的篇目,重构语文中的价值观体系教育。从教材角度出发探讨社会主义核心价值观的还有《社会主义核心价值观在语文教材中的体现》(周国显,《语文教学通讯·D刊》,2014年第9期)等。

《高中语文阅读教学中的价值观教育研究》(王新胜,山东师范大学硕士学位论文,2013年)、《高中语文文学名著阅读的审美教育》(代露丹,《中国现代教育装备》,2016年第22期)、《彰显社会主义核心价值观的高中文言文教学探究》(丁锐,《中小学教材教学》,2016年第4期)、《在语文教学中渗透社会主义核心价值观——以人教版必修四<苏武传>为例》(宋丽娟,《考试周刊》,2016年第88期)等文则以不同模块教学为个案探究了语文学科渗透社会主义核心价值观的具体路径。

2.数学学科

《如何在数学教学中弘扬社会主义核心价值观》(曹玉阳,《成功》,2017年第6期)简要论述了数学教学中渗透社会主义核心价值观的方法。《立德树人指导下高中数学教学的行与思》(丁明森,《中华少年》,2017第2期)、《浅议高中数学如何进行中华传统文化教学》(刘广峰,《未来英才》,2017年第2期)则从德育与传统文化的角度探讨了如何在数学教学中渗透社会主义核心价值观。《浅议数学文化及相关试题》(仝玉强,《中学数学教学参考》,2017年第10期)从数学文化在试题中的应用,探讨了在试题中渗透社会主义核心价值观,立意颇为新颖。

个案研究则有《社会主义核心价值观在高中数学课堂线面垂直中的渗透》(张瑞平,《神州》,2017年第15期)、《社会主义核心价值观有效进高中数学课堂教学案例——以<三视图>教学为例》(于水英,《考试周刊》,2017年第56期)。

3.英语学科

《在英语课堂中渗透社会主义核心价值观》(聂慧欣,《课程教育研究(新教师教学)》,2016年第14期)、《时间维度下高中英语教学中社会主义核心价值观教育路径分析》(龙江红,《中学教学参考》,2016年第25期)、《高中英语教学的德育渗透:社会主义核心价值观教育及策略》(陈卡妮,《校园英语》,2016年第31期)、《社会主义核心价值观在高中英语教学中的引领研究》(张佳琪,《课程教育研究(新教师教学)》,2016年第12期)、《践行高中英语教学中的德育教化功能之我见》(王世俊,《基础教育课程》,2016年第4期)、《如何践行高中英语教学中德育德化之策》(杨述志,《教师》,2016年第36期)等文立足英语课堂与德育教育等角度,对高中英语教学中社会主义核心价值观教育的必要性、路径、策略等进行了研究。

个案研究则有《高考英语完形材料中的情感文化及正能量》(李淑静,《新教育时代》,2016年第20期)、《在高中英语阅读教学中渗透核心价值观的实践研究》(赵健,《中学生英语》,2017年第16期)。

4.文综学科

(1)思想政治学科

学界对于该领域的研究,主要集中于社会主义核心价值观与思想政治学科的融合,成果较多。

《搭建社会主义核心价值观教育的"脚手架"》(李彰有,《思想政治课研究》,2016年第5期)一文认为目前相关部门对于学科教学如何具体落实社会主义核心价值观教育,还未出台有直接指导作用的东西,一线教师不知从何着手定位教学,在教学中普遍存在着简单化、教条化、脱节化等诸多偏差,教育效果并不理想。作者针对高中政治课社会主义核心价值观教育的教学现状和存在的问题,提供给教师一个"脚手架"——围绕"如何"具体落实社会主义核心价值观教育,提出教师要坚持"四化定位"、要实施"五大优化策略",为政治教师落实社会主义核心价值观教育提供了具有可操作性的范例指导。作者的另一篇文章《社会主义核心价值观教学的"四化"定位》(《中学政治教学参考》,2015年第34期)则具体介绍了四化定位。

《基于体验的社会主义核心价值观培育》(陈晋南,《思想政治课教学》,2016年第8期)就高中生社会主义核心价值观教育运用"体验式教育"必要性和困境做了简要分析,提出了运用体验式教育进行社会主义核心价值观的培育策略,开展"体验式教育"系列主题活动,实现教育的内化于心、外化于行,达到"立德树人"的目的。特别值得一提的是,这两篇论文均为相关课题成果,这也凸显了科研引领教学的特色。

《把握主线 突出重点:思想政治课社会主义核心价值观教育的思考》(袁守东,《淮阴师范学院学报(自然科学版)》,2015年第2期)认为高中思想政治课践行社会主义核心价值观教育,要充分挖掘和整合教材资源,根据教材的核心主线,突出重点,按照信仰的内涵特点,系统化、层次化地加以落实。正确处理好个人与社会、理想与现实、理性与感性、精神与物质等辩证关系,让社会主义核心价值观内化为学生的信仰,外化为自觉的行动。

相关成果还有《在<文化生活>中体悟社会主义核心价值观》(郭贯群,《福建教育(F版)》,2015年第3期)、《社会主义核心价值观"平等"在高中思想政治教育课堂与教学中的渗透浅析》(玉浩洋,《课程教育研究(学法教法研究)》,2015年第31期)、《高中思想政治课培育社会主义核心价值观的对策研究》(韩智宏,天津师范大学硕士学位论文,2015年)、《社会主义核心价值观融入高中思想政治课程路径研究》(项良,重庆师范大学硕士学位论文,2015年)、《高中生社会主义核心价值观教育存在的问题及对策》(彭建,华中师范大学硕士学位论文,2015年)、《社会主义核心价值观在高中政治生活中渗透的研究——以培养学生民主意识为例》(朱行星,《考试周刊》,2017年第53期)、《网络环境下高中政治教学对学生核心素养的培养》(戴松,《吉林教育》,2017年第26期)、《以社会主义核心价值观引领高中思想政治教学》(盛仕英,《高考》,2017年第24期)等,多数论文揭示了社会主义核心价值观融入高中思想政治课程的必要性和可行性,并提出个人关于有效融合的见解。

(2)历史学科

《高中历史教学渗透社会主义核心价值观的策略》(原远,《中学历史教学参考》,2016年第4期)提出了高中历史教学渗透社会主义核心价值观的基本策略。《高中历史教学渗透社会主义核心价值观教育的途径》(周鹏,《中学历史教学参考》,2016年第6期)认为应该从充分利用教学内容、把握历史人物及其事迹的重要性、利用多媒体将历史资料立体化呈现、与时俱进树立榜样四个方面将核心价值观灌输到学生的血液里。《关于社会主义核心价值观引领历史教学的几点思考》(宋国安,《中学历史教学参考》,2016年第12期)认为用社会主义核心价值观引领高中历史教学,必须把情感、态度与价值观目标放到教学的首位,改进和创新教学方法,通过从传统文化中汲取智慧、突出"课魂"教学、营造历史大课堂等多种途径,大力挖掘践行社会主义核心价值观的元素,对学生进行道德规范教育,提升学生的综合能力。

个案研究则有《基于学科核心素养和核心价值观的教学分析与设计——以

人民版<伟大的历史性转折>一课为例》(王晓荣,《历史教学(上半月刊)》,2017年第7期)。

相关成果还有《高中历史新课程教学如何体现核心价值取向》(习长华,《中学历史教学参考》,2010年第7期)、《高中历史中的社会主义核心价值观的教育》(朱永超,《文史教育研究》,2013年第22期)、《高中历史教学中的社会主义核心价值观教育探究》(高晓兵,《教海深航》,2014年第18期)、《浅谈如何在高中历史教学中融入社会主义核心价值观教育》(刘磊,《中学教学参考》,2015年第11期)、《社会主义核心价值视野下的高中历史教学》(谭跃龙,《文理导航(教育研究与实践)》,2015年第9期)等,另有《高中历史教学中达成社会主义核心价值观教育目标的研究》(周密,苏州大学硕士学位论文,2012年)做了较系统的阐述。

(3)地理学科

《如何在地理教学中渗透社会主义核心价值观》(赵凤夫,《黑河教育》,2015年第8期)、《地理教学融入社会主义核心价值观教育的探讨》(罗哲平,《华章》,2014年第20期)两文探讨了在地理教学中融入社会主义核心价值观教育并取得良好德育效果的相关问题。

《社会主义核心价值观融入高中地理教学的实施》(陈韵,《中学课程辅导(教师教育)》,2017年第4期)、《高中地理教学中的社会主义核心价值观渗透教育》(吴海园,《中国培训》,2017年第4期)、《刍议高中地理教学中社会主义核心价值观的渗透》(李慧君,《铜陵职业技术学院学报》,2017年第2期)等文探究了高中地理学科渗透社会主义核心价值观的原则与策略。

5.理综学科

物理学科的相关成果有《如何在高中物理教学中渗透社会主义核心价值观》(阙永华,《基础教育课程》,2016年第13期)、《高中物理教学体现社会主义核心价值观教育之我见》(张欣,《福建教学研究》,2016年第1期)、《在物理教学中培育和践行社会主义核心价值观》(解慧明,《陕西教育(教学版)》,2015年第6期)等。

化学学科《高中化学渗透社会主义核心价值观实践研究》(傅兴春、江合佩,《基础教育课程》,2016年第13期)展示了高中化学学科育人体系,并分析了社会主义核心价值观与学科的有效整合,认为可以通过整节课的范例、教学片段与教学素材有效渗透社会主义核心价值观。《在化学教学中进行社会主义核心价值观教育》（邹爱民，《中学化学教学参考》，2016年第4期）认为要从挖掘教材内涵、涉及实验探究方案和加强师德师风建设等方面，融合社会主义核心价值观。相关论文还有《社会主义核心价值观与高中化学的有效融合》（汪锦龙，《中学理科园地》，2017年第3期）。

生物学科的研究成果有《高中生物中蕴藏的社会主义核心价值观》（王学娟，《数理化解题研究》，2016年第27期）、《社会主义核心价值观在"保护我们共同的家园"教学中的渗透》（王俊明，《理科考试研究》，2015年第23期）、《例谈动物题材电影作为高中生物课程资源的价值》（黄秀芝，《中学生物教学》，2015年第16期）、《社会主义核心价值观在"生态工程"教学中的渗透》（王俊明，《新课程导学》，2015年第2期）、《浅谈高中生物教学中社会主义核心价值观的渗透：使用人教版高中生物教材必修2教学时渗透社会主义核心价值体系教育的研究》（李燕，《课程教育研究（新教师教学）》，2015年第2期），上述几篇论文基本都为个案研究。

四、结语

综上所述，我们不难发现，目前对学科教学渗透社会主义核心价值观的研究方面具有以下几个特点：

1.成果丰硕，但质量不佳

笔者通过"中国图书馆参考咨询联盟"检索"社会主义核心价值观"一词，共有图书11296种、期刊59522种、学位论文9800种①，可谓是成果丰硕。但是从研究领域看，较为扎实的成果主要集中于国民教育和高等教育，且偏向于理论性研究，有关中学阶段渗透社会主义核心价值观研究成果基数较大但论文总体质量不高，缺乏系统性研究，大量的研究成果湮没在不同的研究主题之下，专项研究成果较少，可实践、易操作的成果不多。

2.成果分布不均衡

现有的高中学科教育渗透社会主义核心价值观论文主要集中于思想政治、历史、语文等人文学科，地理、英语、物理、化学、生物学科成果较少，且多个案研究，缺少全局性成果，分布极不平衡。

---

① 数据截至2017年10月13日。

3.社会主义核心价值观与核心素养研究并重

2014年教育部印发了《关于全面深化课程改革落实立德树人根本任务的意见》，首次提出"核心素养体系"概念。2016年，《中国学生发展核心素养》研究成果发布。"核心素养"成为当下非常时髦的一个热词，故而近两年来各学科有多篇论文将社会主义核心价值观与核心素养二者并列研究，成果较多。

4.科研课题推动研究持续深入

前文所述研究成果中，部分论文系各级课题阶段性或结题成果，如李彰有的江苏省教育科学"十二五"重点课题《高中政治课教学落实社会主义核心价值观教育的课例群研究》（课题编号：B-b/2015/02/098）、陈晋南的广州市教育科学"十二五"规划2015年度立项课题《运用"体验式教育"提升高中生社会主义核心价值观教育实效性的行动研究》（课题编号：1201573036）、周鹏的江苏省教育科学"十二五"规划2015年度普教立项课题"高中历史教学中社会主义核心价值观培养模式的研究"（课题编号：d/2015/02/265）等，化学学科《高中化学渗透社会主义核心价值观实践研究》亦为厦门市教科院三年集体攻关的成果。科研课题推动研究持续深入的效果已经逐渐显现。

5.重视主流文化表达，忽视少数民族文化

社会主义核心价值观的渗透中过于重视对主流文化的表达，而忽视了处于边缘的少数民族文化，因此民族地区社会主义核心价值观与高中学科教育相互渗透的研究成果更是少之又少。

高中学科教学渗透社会主义核心价值观的基本途径
——以贵州省罗甸县第一中学为例

作者: 秦 莉

摘要: 当前,社会主义核心价值观教育备受党和国家重视,高中学校对培养学生形成正确价值观和人生观方面具有重要作用,高中各学科教学中应发挥渗透社会主义核心价值观教育内容的主渠道作用。本文对高中学科教学渗透社会主义核心价值观的途径进行了分析。

关键词: 高中;学科教育;社会主义核心价值观;基本途径

党的十八大提出,倡导富强、民主、文明、和谐,倡导自由、平等、公正、法治,倡导爱国、敬业、诚信、友善,积极培育和践行社会主义核心价值观。高中生价值观具有很强的可塑性和不稳定性,高中阶段是学生价值观形成的关键时期。高中学校对培养学生形成正确价值观和人生观方面具有重要作用,高中各学科教学应发挥渗透社会主义核心价值观主渠道作用。以下是笔者对高中学科教学中渗透社会主义核心价值观的主要途径的分析。

一、社会主义核心价值观渗透现状

在当前学校教育中,社会主义核心价值观教育总体上仍处于自发状态,中学教师在教学过程中的落实不够。如自觉程度、融入的深度和广度效果等差别很大。造成这种结果的一个重要原因就是教师对教学目标和课程目标的认识还局限在知识的传递过程,与价值观教育完全割裂开来,独立于知识技能的传授之外。

本校调查显示,有46.49%的学生认为自己受到“教师”思想品德教育最多,但有6.06%的教师不能正确选择社会主义核心价值观内容。当问到“在你的语文课、历史课、地理课、艺术课等课程的老师,在课堂上讲过社会主义核心价值观的有关内容吗"？回答"从没讲过"的学生占30%，"偶尔讲到"的学生占69%，"经常讲到"的学生只有11%。这就反映出教师在课堂渗透社会主义核心价值观的认识程度不够。因此在高中学科教学中渗透社会主义核心价值观内容，首先学校要唤醒教师教学观念的转变，使教师在思想上有足够的重视。学校可以借助每周的教职工会议、教研会议，对教师进行相关教育理论和社会主义核心价值观内容的培训，使教师真正认识到在课程教学活动中渗透社会主义核心价值观内容对于培养学生正确的价值观的重要性，从而在日常教学活动中自觉地渗透社会主义核心价值观内容。

二、剖析高中教材，挖掘渗透社会主义核心价值观教育点

课堂教学是渗透社会主义核心价值观的主渠道，高中每一学科教材知识都有社会主义价值观教育的内容，我校语文、英语、文综、理综等学科都有教师对教材进行剖析，挖掘相关科目教材中渗透社会主义核心价值观教育点，将各科渗透社会主义核心价值观教育点收集整合，形成《社会主义核心价值观融合到学科教学知识点汇编》校本教材，在高中教材中全面渗透社会主义核心价值观，形成完整的价值观教育目标体系，在教材的相关章节里，有明确的社会主义核心价值观教育渗透任务。

1.高中思想政治课程的教学渗透

在高中教材中，高中思想政治教材中涉及社会主义核心价值观内容最多，高中思想政治教师肩负着在教学中渗透社会主义核心价值观教育的重任。我校政治教师对高中必修教材中涉及社会主义核心价值观内容的分析、统计结果显示，高中政治必修1《经济生活》有85个基础知识点涉及社会主义核心价值观内容，高中政治必修2《政治生活》有34框知识点涉及社会主义核心价值观内容，高中政治必修3《文化生活》有16框知识点涉及社会主义核心价值观内容，高中政治必修4《生活与哲学》有29框知识点涉及社会主义核心价值观内容。如必修1中，商品的含义及其基本属性分别是什么？货币的含义及其本质区别是什么？货币是从商品中分离出来的固定地充当一般等价物的商品。这两个基础知识点都涉及"诚信"内容。如，通货膨胀和通货紧缩的含义和发生原因分别是什么？这一基础知识点都涉"和谐、平等"内容。如，我国为什么要大力发展生产力？怎样

大力发展生产力？这个基础知识点都涉及"民主、富强、文明、和谐"方面的内容。如必修4中，价值判断和价值选择，涉及"富强、民主、文明、和谐、自由、平等、公正、法治、爱国、敬业、诚信、友善"等内容，因此，高中思想政治教师在做教学设计时，要充分结合教材，通过情境创设，重点设计渗透与24个字相关的社会主义核心价值观的内容。以人教版高中思想政治必修2《政治生活》第一单元为例，相关课目及渗透社会主义核心价值观教育点有：

相关课目及渗透社会主义核心价值观教育点

单元	课	框	目	社会主义核心价值观渗透点
第一单元 公民的政治生活	第一课 生活在人民当家作主的国家	人民民主专政：本质是人民当家作主	人民民主的生动写照	民主、平等
			广泛、真实的民主	民主、平等
			必须坚持人民民主专政	法治、民主
		政治权利与义务：参与政治生活的基础和准则	生活中的政治权利与义务	民主、平等
			神圣的权利 庄严的义务	民主、法治、平等、爱国
			参与政治生活 把握基本准则	民主、平等、友善、自由
		政治生活：自觉参与	置身于政治生活	民主、平等、爱国、友善、自由
			当代中国公民的政治生活	
			我们总要参与 我们总会参与	
	第二课 我国公民的政治参与	民主选举：投出理性的一票	民主选举面面观	民主、公正、法治、和谐、平等、公正、诚信
			选举方式的选择	
			珍惜自己的选举权利	文明、诚信、公正、平等
		民主决策：作出最佳选择	两种不同的决策方式	民主、自由、爱国、公正
			参与民主决策的多种方式	民主、自由、爱国、公正
			同历决策过程 共享决策成果	民主、自由、爱国、公正
		民主管理：共创幸福生活	基层民主自治历程	民主、自由、爱国、公正

13

		最广泛的民主实践	民主、自由、爱国、公正
		共建祥和文明社区	民主、自由、爱国、公正、文明
	民主监督：守望公共家园	谁监督　监督谁	民主、公正、诚信、法治
		选择民主监督的方式	民主、公正、诚信、法治
		负责的行使监督权利	民主、公正、诚信、法治
综合探究有序与无序的政治参与	"有序"与"无序"的代价与后果		民主、公正、诚信、法治

2.其他课程教学渗透

高中每一学科都有价值观教育的资源,我校各科都有教师正在分析、统计教材中涉及社会主义核心价值观内容的知识点。语文、地理、历史、音乐、美术等人文学科课程中包含较多社会主义核心价值观内容,因此要承担教育责任多一些,应加强这些课程的教学渗透。而英语、数学、物理、化学、生物等课程中,涉及爱国主义、科学精神、社会责任、环境保护等价值观内容。如高中英语教材中涉及社会主义核心价值观内容有25个知识点。如BOOK 3中,COME AND EAT HERE中涉及"富强、民主、敬业、诚信"内容。如数学教材中"不共线的三点确定一个平面"涉及"和谐"内容;化学教材中"侯氏制碱法",涉及"爱国、敬业"内容;物理教材中"摩擦力",涉及"诚信、友善"内容;生物教材中"遗传和变异",涉及中华优良传统和民族精神等价值观内容。

以高中英语教材为例,相关相关课目及渗透社会主义核心价值观教育点有:

高中英语学科渗透社会主义核心价值观教育点

教材	单元	文章	社会主义核心价值观

BOOK 1	Unit 1 Friendship	ANNE'S BEST FRIEND	自由 平等
	Unit 2 English around the world	THE ROAD TO MOODERN ENGLISH	文明
	Unit 3 Travel journal	JOURNEY DOWN THE MEKONG	文明 自由 友善
	Unit 4 Eartherquakes	A NIGHT THE EARTH DIDN'T SLEEP	友善 敬业
	Unit 5 Nelson Mandela—a modern hero	ELIAS' STORY 及 pre-reading	民主 文明 自由 平等 爱国 诚信 友善
BOOK 2	Unit 1 Cultural relics	IN SEARCH TO THE AMBER ROOM	文明 敬业
	Unit 2 The Olympic Games	AN INTERVIEW	富强 民主 文明 和谐 自由 平等 公正 友善 爱国 诚信
	Unit 3 Computers	WHO AN I?	文明 敬业
	Unit 4 Wildlife protection	HOW DAISY LEARNED TO HELP WILDLIFE	和谐 敬业 友善
	Unit 5 Music	THE BAND THAT WASN'T	文明 和谐 自由
BOOK 3	Unit 1 Festivals around the world	FESTIVALS AND CELEBRATIONS	富强 民主 文明 和谐 自由 平等 公正 爱国 敬业 友善
	Unit 2 Healthy eating	COME AND EAT HERE	富强 民主 敬业 诚信
	Unit 3 The Million Pound Bank Note	The MIllION POUND BANK NOTE	诚信 友善
	Unit 4 Astronomy:the science of the stars	HOW LIFE BEGAN ON THE EARTH	文明
	Unit 5 Canada—"The True North"	A TRIP ON "The True North"	自由 文明

	Unit 1 Women of achievement	A STUDENT OF AFRICAN WILDLIFE	自由 平等 和谐 敬业 友善
BOOK 4	Unit 2 Working the land	A PIONEER FOR ALL PEOPLE	敬业 自由 爱国
	Unit 3 A taste of English humour	A MASTER OF NONVERBALHUMOUR	敬业 诚信 友善
	Unit 4 Body language	COMMUNICATION: NO PROBLEM?	富强 民主 文明 和谐 自由 诚信 友善
	Unit 5 Theme parks	THEME PARKS-FUN AND MORE THAN FUN	友善 富强 民主 文明 和谐 自由
BOOK 5	Unit 1 Great scientists	JOHN SNOW DEFEATS"KING CHOLERA"	敬业 友善
	Unit 2 The United Kindom	PULLZES IN GEOGRAPHY	文明
	Unit 3 Life in the future	FIRST IMPRESSIONS	富强 民主 文明 和谐
	Unit 4 Making the news	MY FIRST WORK SSIGNMENT	敬业
	Unit 5 First aid	FIRST AID FOR BURNS	文明 友善

三、在教学的各个环节中渗透社会主义核心价值观

我校正在开发《社会主义核心价值观融合到学科教学知识点汇编》、《少数民族地区社会主义核心价值观中学生读本》校本教材,是为了实现社会主义核心价值观教育的课程化和常态化。

新课程改革提出要对知识与技能、过程与方法、情感态度价值观目标进行有机整合。其中情感态度价值观目标的达成,对学生知识的习得和世界观、价值观、人生观的培养,具有重要作用。因此教师在备课中,首先查阅我校校本教材《社会主义核心价值观融合到学科教学知识点汇编》相应的社会主义核心价值观教育渗透点,把社会主义核心价值观的内容写进"情感态度与价值观"教学目标。其次,教师要以生动的案例将核心价值观内容渗透到相应的知识点中,写进

16

教案中,并有效补充教学内容,使教学的厚重感增强。教师可以设计多样的案例,创设主题情境,引导学生把生活或案例情境中的具体问题联系起来,升华为核心价值观认知。再次,要开展多种形式的教学活动,深化社会主义核心价值观的内涵,提高学生的学习兴趣。

参考文献:

[1]张莉,社会主义核心价值观与高中生道德教育[J].新课程(中学),2015,(6)

[2]陈延斌等,陶铸国魂:社会主义核心价值观体系融入国民教育和精神文明建设全过程对策研究[M].广州:广东高等教育出版社,2015

[3]教育部关于培育和践行社会主义核心价值观进一步加强中小学德育工作的意见[J].基础教育论坛,2014,(23):59-61

高中学科教学中渗透社会主义核心价值观的实效性策略

——以贵州省罗甸县第一中学为例

作者：秦 莉

摘要：高中学科课堂是渗透社会主义核心价值观的主阵地，高中学校要立足课堂教学，帮助学生确立正确的价值观，引导学生自觉践行社会主义核心价值观。本文就高中学科教学中渗透社会主义核心价值观的实效性策略进行分析。

关键词：高中学科教学；社会主义核心价值观；策略

　　高中学科教学中渗透社会主义核心价值观，是落实"立德树人"根本任务的必然要求。学校必须增强高中学科教学渗透社会主义核心价值观实效性策略研究，将高中学科教学的德育功能充分发挥出来。高中学科教学渗透社会主义核心价值观，必须增强实效性策略研究。以下是对高中学科教学渗透社会主义核心价值观的实效性策略分析。

一、加强组织管理，提高渗透实效

　　强化组织管理也是增强核心价值观教育效果的关键，既可以实现学校资源优化配置，又可以有效实现教育既定目标。

　　1.制定《学科教学渗透社会主义核心价值观实施方案》，成立校长为组长，以副校长、政教处主任、团委书记、各年级组长、班主任为副组长，以各科任教师为组员的领导小组。并定期组织相关管理人员对教师进行社会主义核心价值观专项培训，提高教师的思想重视程度和育人水平。

　　2.加强学科教学中渗透社会主义价值观管理。应加强对学科教学中渗透社会主义价值观的监督和考评。具体来说，就是在结合《社会主义核心价值观融合到学科教学知识点汇编》，学校督导室要监督教师的教学计划在学科教学中渗透社会主义价值观的教学开展是否按计划、有目标，加强对教师教案、课堂授课情况和课后学生反馈的监管，即要认真检查教师教案对学科教学内容渗透点的选取和教学活动的设计是否合理，评估社会主义核心价值观教育效果是否达到预期效果等情况，并根据检查以上情况及时给教师提出改进措施。

3.加强学生日常管理。加强学生逐渐养成与社会主义核心价值观相适应的思想观念和行为习惯。

学生生活管理领域主要包括：一是教室管理。加强课堂秩序管理，追求良好课堂秩序；加强教室卫生管理，保持良好学习环境；加强纪律意识教育，形成良好学习氛围。二是宿舍管理。寄宿制的中学生。包括：加强宿舍秩序管理，遵守作息时间，追求良好公寓秩序；加强宿舍卫生管理，保持良好居住环境；加强宿舍节约管理，防止浪费水电资源，养成厉行节约习惯；注意宿舍文明行为习惯的养成。三是食堂管理。包括食堂就餐秩序管理，良好用餐环境管理，尤其防止浪费粮食、养成厉行节约习惯的管理。四是运动场所管理。包括丰富完善运动场所的文化标识，培养体育精神；维护体育运动的秩序；培养昂扬向上的积极进取态度等。

二、提升教师素质，切实提高育人本领

加强高中学科教学中渗透社会主义核心价值观实效性需要具备很多条件，其中提升教师素质是关键。教师首先要自觉认同并践行诸如爱国、敬业、诚信、公正等价值观。其次，教师应具备广博的学识和高超的教学能力。教师要不断学习价值观理论知识和专业知识。教师要加强共产主义理想教育、马克思主义教育、中国特色社会主义共同理想教育等方面的学习。同时教师要掌握扎实的专业知识，从而为高中学科教学中渗透社会主义核心价值观奠定基础。再次，要营造平等、和谐、民主的课堂氛围。教师要充分调动学生学习和自主管理的积极性与主动性。营造平等、和谐、民主的课堂氛围，其实也是培养民主、平等、友善、和谐等价值观的过程。最后，教师在课堂中渗透法制观念。引导学生践行"法治"理念。

三、改进教学方法，提高学生学习实效

由于当前高中生思想开放、个性张扬等特点，在高中学科教学中渗透社会主义核心价值观实效性，需要教师积极改进教学方法，多采用参与式、探究式、合作等教学方法渗透社会主义核心价值观内容，引导学生积极参与课堂活动、社会调研的积极性。教师可以设计一些综合实践课题,引导高中生利用课余时间,参加社会调研,让学生在课堂中展示他们的调研成果,从而提高高中学科教学中渗透社会主义核心价值观的效果。

四、对高中学科渗透社会主义核心价值观情况进行测评

高中学科教学中渗透社会主义核心价值观认知情况、践行情况如何,只有通过测评才知道。因此,测评是社会主义核心价值观教育必不可少的重要环节。测评能促使教师在教学中自觉渗透核心价值观,使学生平时自觉地认真学习、深刻领悟、并积极践行社会主义核心价值观。

要对高中学科教学中渗透社会主义核心价值观情况测评,关键是要建立一套操作可行的测评指标体系。测评的对象有教师和学生。把教师的测评结果纳入期末评优、年终考核、职称的评聘的依据等,把学生的测评结果纳入期末评优、奖学金、高考录取指标。学生的社会主义核心价值观情况测评体系建设,可以通过设计社会主义核心价值观相关题目、实践活动、社团活动等来进行测评。也可以把社会主义核心价值观写进《中学生日常行为规范》中,采用平时考察对高中生社会主义核心价值观认知、行为进行测评。班主任及其科任教师需在平时记录学生表现情况,每学期期末把学生的价值观表现情况写进学生的综合素质报告册中,并形成电子档案。高校在录取时,不光是要求学生们各学科成绩合格,还要查阅学生的综合素质报告册。学校可以通过培训、专家讲解、资料学习等形式,引导教师积极学习社会主义核心价值观内容,并自觉在教学中渗透社会主义核心价值观。学校要建立对教师社会主义核心价值观渗透和践行的考核机制,并结合家长评价、同事评价、学生评价等得出测评结果。

参考文献:

[1]习近平,青年要自觉践行社会主义核心价值观—— 在北京大学师生座谈会上的讲话[M],人民出版社,2014

[2]陈延斌等,陶铸国魂:社会主义核心价值观体系融入国民教育和精神文明建设全过程对策研究[M].广州:广东高等教育出版社,2015

[3]教育部关于培育和践行社会主义核心价值观进一步加强中小学德育工作的意见[J].基础教育论坛,2014,(23):59-61

创设和谐班集体 构筑学习共同体

——社会主义核心价值观在班级管理中的渗透

作者: 汤 剑

摘 要:和谐班集体的创设可以在内校园营造和谐、平等、民主、使人身心愉悦、积极向上的学习共同体,从而给学生以良好的文化熏陶与滋养,更好地将社会主义核心价值观有机地融入学生学习成长中,为其成为社会主义和谐社会中的合格公民打下坚实的基础。

关键词:社会主义核心价值观;和谐;班级管理;学习共同体

党的十八大报告提出两个百年奋斗目标,一个是在中国共产党成立一百年时全面建成小康社会,一个是在新中国成立一百年时建成富强民主文明和谐的社会主义现代化国家,并把"必须坚持促进社会和谐"作为在新的历史条件下,夺取中国特色社会主义新胜利必须牢牢把握的八个基本要求之一,"和谐"也成为社会主义核心价值观主题内容之一。

如今,我国描绘了构建和谐社会的宏伟蓝图,确定了指导思想、基本原则、目标任务、主要措施。"和谐社会"、"中国梦"成了全国乃至全世界的高频词汇,构建和谐社会、实现中华民族伟大复兴的"中国梦"正成为亿万人民的自觉行动。从学校教育来说每个学生都成了"和谐分子",整个社会才能成为和谐社会;每个学生的梦想都如愿实现,中华民族伟大复兴的"中国梦"才能最终实现。

一、创设和谐班集体的必要性

学校是每一个人从家庭走向社会必须经历的一个阶段,高中正是人一生中人生观与价值观逐渐形成的最佳时期,而学校教育、班级管理对学生的发展有着独特的作用,这就要求我们教师在教育中需要付出极大的爱心、耐心和钻研精

21

神,科学地进行社会主义核心价值观教育教学活动,引导学生健康的成长。

实践证明和谐的社会由和谐发展的人组成,和谐发展的人由和谐的教育产生,和谐的教育由和谐的校园支撑,和谐的校园由和谐的班集体构成,建设和谐社会应从学生的和谐教育抓起,强化教育内容和教育方法的和谐性,建设教育者和受教育者的和谐关系,建立健全的老师与老师、学生与老师、学生与学生"三位一体"的教育人际圈。以和谐教育培养和谐的青少年,以和谐的班级塑造和谐的人际关系和学习氛围。我们一致认为和谐班集体的创设有利于构筑学习共同体,促进学生和谐发展,培养学生积极的情感态度,实现与新课程的密切结合,利于促进社会主义核心价值观在学科教学中的渗透,进一步提升学校的办学水平,所以"和谐班集体的创设"成为我校课题研究内容之一。

二、创设和谐班集体的内容与途径

1.班主任与学生之间的和谐

作为班主任,刚接到一个新班,面对几十个陌生的学生,怎样与他们沟通、相处呢? 首先要与他们构筑一道互信的桥梁,然后融入他们中间去,利用二到三周的时间,把学生的名字与其人对上号,让学生感觉到班主任心中有他们,这样学生心中才会有班主任,在这样一种和谐的氛围中,学生才会主动向班主任反映情况,诉说他们的想法,才有可能让学生"亲其师,信其道。"

班主任与学生之间的和谐离不开三种意识——爱生意识、平等意识、公平意识。《新时期师德修养》一书中这样论述道"由于教师教育教学的活动的对象是学生,所以教师对于学生的道德,是教师职业道德的核心内容。教师对待学生的道德中,大而言之,主要涵盖着教师的爱生意识、平等意识、公平意识。"这对于优化教学过程、提高教学质量、发展学生的个性和情感以及进而形成优良的道德品质具有不可估量的价值。

2.任课教师与学生之间的和谐

作为任课教师应该以第一人称的身份与学生相处,绝不能以第二人称自居,有的任课教师走到班上对自己的学生说话时总是说"你们班"或"你们班的学生"怎么样,学生听到这种语言一下子就觉得师生之间有一道鸿沟,无形中就给师生

22

间的交流设置了一道无形的墙,无意识地阻碍师生关系得和谐发展。一个成功的任课教师走到自己的班上面对学生总是说"我们班"或"我们班的同学"怎么样,学生听到这样的语言,就觉得师生之间十分亲近,师生之间是一个不可分割的整体。这是奏响师生关系和谐旋律的前奏。

师生之间要和谐,任课教师要学会宽容,用一种博大的爱去接纳他们。学生犯了错误,因为学生是容易犯错误的,老师要宽容他们,耐心教育他们改正缺点,而不是一味惩罚。老师要用比天空更广阔的胸怀,去包容孩子们的一切,用爱的阳光去温暖孩子们健康成长。

3.班主任与任课教师之间的和谐

班主任虽然是一个班的核心,但是没有任课教师的配合与支持,是不能构建和谐班集体的,教育也是不会成功的。

班主任与任课教师的和谐主要表现在相互合作,相互支持,相互帮助,相互理解,共同完成等方面,在这些方面班主任应该表现得更主动一些,但是任课教师也必须有一种主人翁的意识,要有一种责任感,更需要一种团队精神。

只要任课教师以班主任的姿态面对所教的学生,把班集体当作自己的班级,你就成功了一半。同时班主任应主动与本班的任课教师随时取得联系,随时沟通,当然任课教师也应该随时向班主任交换信息,共同出谋划策管理好本班,教育好本班学生。

4.班主任与学生家长的和谐

班主任要教育好本班的学生,离不开家长的配合与参与。《新时期师德修养》一书这样论述道:"家长对孩子的成长起着至关重要的影响作用,如果没有家长的密切配合,如果不和家长团结协作,就难以取得理想的教育教学效果。因此,教师要在相互尊重、相互理解的基础上,积极与学生家长进行交流和沟通,通过双方密切的合作与努力,帮助和促进学生健康成长。"

班主任与家长的和谐主要表现在相互尊重、相互理解、相互合作等方面,这是班主任与家长产生和谐的基础与前提。我国《中小学教师职业道德规范中》就明确写道:"主动与学生家长联系,认真听取意见和建议,取得支持与配合。积极宣传科学的教育思想和方法,不训斥、指责家长。"是国家首次将"尊重家长"列为独立的一个大条目,这说明国家已经开始重视家长在儿童教育中所起的重要作用,已经开始重视到教师应具备与家长进行合作的职业道德素养。

5.学生与学生之间的和谐

怎样才能使学生与学生之间产生和谐呢? 班主任要指导学生学会相处是关键。这要充分利用好班委会和团委会的干部,让他们唱主角,带动全班同学向和谐健康方向发展。班主任要教育他们同学之间应该相互尊重、相互理解、相互宽容、相互学习、相互帮助、相互鼓励、相互合作。努力营造一种和谐的氛围。

学生之间发生的一些小纠纷和小矛盾就由班干部和团干部去处理,必要时班主任要协助他们干好这方面的工作。这样既锻炼了干部的处事能力,又为班集体的和谐做出了贡献。

三、创设和谐班集体的具体途径、措施

我们本着"以人为本"的教学理念,创设班级愉快合作的学习环境、友爱融洽的人际关系环境和优美文明的班级环境等方面来建构和谐班集体,同时以构建合力协作的家庭环境作为外围支撑,让学生健康、和谐的发展。

(一)创设和谐硬环境,熏陶感染

苏霍姆林斯基说过:"只有创造一个教育人的环境,教育才能收到预期的效果"。我们学生在教室里上课、交往,度过在校的大部分时间。而班级和谐、整洁、富有教育因素的班级硬环境,能让人产生积极健康的心态,能陶冶学生的情操,净化学生的心灵,有利于唤起学生对班级的热爱,发挥学生自我的潜能。我校以高中学生的身心特点为宗旨,及时将物质环境与心理环境的内在联系相结合,充分挖掘其中所包含的心理因素,使学生学会用正确的情感和方式与人交往,从而达到陶冶性情、培养正确价值观的作用。

1.让每个环境都会说话

(1)创新墙饰

学校通过"最美教室"的打造评比,引导各班利用教室墙壁的文化因素去陶冶感染学生,让教室四周的墙壁生动、直观、真实地再现师生、生生之间近距离的

"对话"。在墙饰上寄托孩子们的心愿,宣泄情感需求,就是要"利用一切可以利用的条件来实施教育"来优化班集体心理环境。我们在每个班级外面制作了"班级之星"和"班级风采"的宣传栏,"班级生态建设区"等;给予班级学生创意展示,想象和亲近自然的空间和平台。

(2)创设图书角

书籍是人类宝贵的精神财富,是文化传承的通道,是人类进步的阶梯。在班级中建立图书角,引导孩子们爱读书、会读书、读好书,充分发挥学校、楼层自助书吧、班级图书角的作用,让书香飘满班级中,是学生到达知识希望彼岸的有效途径,是培养学生健康心理的无形力量。

2.让每一件物体都能育人

为了让班级中每一件物体都有它的价值,我们对班级财产实行承包,责任到人,增强学生们的责任意识;教室门窗、地面的保洁,花草护养分工到人,定期打扫护理,促进学生的卫生保洁环境保护意识;清扫教室的用具,整齐地摆放在规定位置。在这样的环境中生活、学习使人心情舒畅,精神振奋……在这一过程中,学生也在无形中消除了身上懒惰、娇气、依赖等不良心理倾向,学生的个性、责任感得到了健康的发展。

(二)打造和谐软文化环境,激荡心灵

班级是一个浓缩的社会,教师和学生作为这个小社会的主体,在相互交往中形成了有自己班级特色的人际关系和班级风格,这对其中每一个学生的心理道德品质的影响是巨大的。因此,我们努力营造班级文化软环境,以培养学生和谐健康的心理。

1.铸良好班风

良好的班风,是一股巨大的潜在教育力量,会使班集体创建出一种群体舆论和行为指南,对班级成员起着熏陶、感染作用,有助于形成乐观开朗的心理品质和良好的行为习惯。因此要我们根据我校学生的发展规律,一方面发挥教师的引领作用,另一方面调动学生主体积极性,共铸文明向上的良好班风,构筑积极向上的班级心理环境。

（1）榜样导向

优秀教师和学生的思想道德、态度以及行为等,对学生的成长产生着潜移默化的作用。因此,学校通过"身边最美教师""最美党员""最美同学"评选活动,为学生树立良好的榜样,彰显榜样的力量同时给予正确的价值导向。

（2）舆论导向

良好班风的形成离不开班级正确的舆论导向,健康的舆论是学生自我教育的重要手段。在班级里树立正气,抵制和反对错误的言论和行动。国家大事、取得的伟大成就、感动中国人物事迹宣扬等,好人好事及时表扬,发现问题马上处理。让学生知道怎么做是对的,是受欢迎的;什么是错误的行为,是不受欢迎的。考虑有些学生的叛逆心理较强,所以要减少语言上的过激教育,要用实际的事件去让他们自己感受。

（3）管理导向

自主管理是一种符合现代学生身心发展和能力水平的管理模式,也是新课程理念要求相适应的管理模式。在班级管理中,通过学生对班级的自我管理,培养了学生的主人翁精神,锻炼了学生的协调能力,人际交往能力,同时在某些活动中锻炼他们,让他们自己去组织,让他们也为良好班风的形成提供了制度保障。

2.重心灵沟通

缺乏心理沟通是影响学生心理健康的重要环境因素,在平等的人际交往中实现和谐融洽的心理沟通,是搭建起优化班级心理环境的桥梁。

（1）师生和谐沟通

教师应放下"师道尊严"的架子,走进学生的生活,走进学生的心灵世界,建立良师益友的新型师生关系。让学生感到与老师交流安全、放心,只有这样,才能真正听到学生的心灵之声,从而打造和谐的师生关系。

尊重。早在二千多年前孔子就提倡"当仁不让于师",作为老师应该尊重学生。所谓尊人者,人尊之,也是这个道理。师生间平等的人格关系的建立必将推动着师生关系的发展。同时,教师之间也要相互尊重,尽量避免矛盾的发生,尤其不能在学生面前争吵,要做好榜样。

关心。要建立良好的师生情感联系,首先教师必须真情付出,关心爱护每一个学生,公平地对待学生,不能厚此薄彼,尤其是对于学业成绩不够理想的学生,教师要多鼓励、多关怀,相信他们的潜力,切实帮助他们。

赏识。注重挖掘学生的闪光点,积极地赏识学生的长处和优点,特别是面对自卑的学生,妥善地运用欣赏、夸奖和鼓励,甚至采用"透支"赏识,让学生处于一种愉悦的情绪中,改善与老师的关系,拉近师生之间的心理距离。

宽容。成长是个不断出错的过程,学生犯了错,"严惩不贷"的功效只是暂时的。反之,我们用发自内心的宽容与信任取代严厉的训斥,让他们在宽松的心理氛围中沟通认识,改正错误。而面对可塑造在发展的学生,我们的每一次宽容与信任,都可能创造出一个奇迹。

（2）生生互动交流

人是生活在各种人际关系中的,学生大部分时间在班级中度过,同学之间的交往是他们人际交往中最直接、最频繁的交往。他们总是希望有人与自己交流,从而摆脱孤独与寂寞;希望参与具体活动,希望加入某一集体,并为之所接纳,从而获得归属感。这样,快乐时有人与他分享,痛苦时有人分担,迷茫时有人指点,困难时有人给以帮助,忧伤时有人来安慰,气馁时有人来鼓励。良好的生生关系,不仅有利于生活、学习,而且有利于学生身心健康。因此,我们通过班级小组自主管理、小组合作学习、小组风采展示、班级团队活动等方式为学生构建一个合作、和谐的生生关系。

3.充分利用好班会课唱响和谐旋律

学校强化主题班会的功效,将主题班会常态化,有效开展。围绕社会主义核心价值观,针对现象,召开主题班会,让学生自主准备收集材料,然后在班会课上参与体验、讨论发言、展示,之后班主任作正面引导,最后还要求他们写出心得体会。这样既达到了教育的目的,又训练了学生的口语表达和写作的能力。

4.在团队活动中增强和谐氛围

班级体良好的心理氛围,主要是通过集体中共同活动与交往,在集体目标、

27

心理情绪相互认同的基础上建立起来的。由此我们从学生实际出发,开展丰富多彩的系列化活动,比如每年迎新、送毕业生、星级班级评比、各种文体竞赛等活动中设立团体奖,让学生在班集体活动中增强自信,感受自豪,并在积极的情绪中获取知识,增强能力,发展个性,营造一个健康向上、和谐奋进的班集体。

(三)强化家校合作,共同推动

家庭是学生成长的第一环境,对促进学生心理的健康发展具有其他环境所不能替代的重要作用,需要学校家庭形成合力,共同推动。为了发挥家校合力的作用,创设和谐的学习环境,我们主要通过以下途径深入开展:

1.搭建家校交流平台

搭建家校交流平台是学校教育向家庭社会延伸的信息交流渠道。利用现代网络平台,打破以往单纯的家长会形式,让家长参与家校交流创设的情景中,学会如何和孩子们交流,给家长们提一些合理性的建议、小故事大道理、家教锦囊妙计等。通过交流、学习、宣传,不仅能提升家长共同关心学生心理健康的意识,而且传播了家庭、学校教育的鲜活经验,构建和谐家校关系。

2.建立成长手册

成长手册是家长和教师记录孩子的一个过程。我们在成长手册中设置了一些有关学生教育的栏目。通过成长手册的记录,能让家长比较系统地看到孩子的变化和学校的教育,同时我们要亲请家长配合记录家庭教育的一些情况,使校内外教育得到一致。

通过和谐班集体的创设,我们在校园营造一种和谐、平等、民主、使人身心愉悦、积极向上的学习共同体,从而给学生以良好的文化熏陶与滋养,更好的将社会主义核心价值观有机地融入学生学习成长中,为其成为社会主义和谐社会中的合格公民打下坚实的基础。在和谐、平等、民主、宽容的育人氛围集体里,学生们都能真正感受到自己是学校的主人,他们的个性特长能够得到充分的展示,他们的聪明才智能够得到充分的发挥;在这样的集体中,学生的德、智、体、美各方面都能得到和谐健康的发展,他们的人文素养、科学精神和创新意识能够得到进一步的培育和弘扬。

以文化人，任重道远

——高中语文学科渗透社会主义核心价值观的思考与实践

作者: 毛成林

摘要: 党的十八大提出，倡导富强、民主、文明、和谐，倡导自由、平等、公正、法治，倡导、爱国、敬业、诚信、友善，积极培育和践行社会主义核心价值观。这与中国特色社会主义发展要求相契合，与中华优秀传统文化和人类文明优秀成果相承接，是我们党凝聚全党全社会价值共识作出的重要论断。社会主义核心价值是兴国之魂，是中华民族的一面精神旗帜。高中生正处于人生观、世界观、价值观形成的重要时期，具有很强的可塑性，因此对高中学生渗透社会主义核心价值观教育具有十分重要的意义。作为老师，不仅要会教书，更要会育人，著名教育学家叶圣陶先生曾说过"学语文，就是学做人"。学生只有学会做人了，他的语文素养才会得以提升，所以在语文教学中有效的渗透社会主义核心价值观刻不容缓，这对每位语文老师来说任重而道远。

关键词: 高中语文教学、渗透、社会主义核心价值观

在《语文是什么》中，作者叶开重申"一切教育都是人的教育"的"旧"观点，将这个观点结合现在语文教学的实际做了深入阐发，呼唤"人道主义"的教育。是的，语文教学就应该多一点人道主义的精神，少一点虚情假意的吹捧，多一些人文素养的培养，少一些陈词滥调的讲解。语文是一门工具性很强的学科，就像我们做工一样，没有工具是没有效益的，所有学科都要以语文作为基础。那么语文教育的核心是什么呢？我认为语文教育的核心是对祖国文化的继承和发扬，让学生热爱祖国优秀的传统文化，让学生在追求知识的同时，知道做人的人格和尊严，懂得如何开启和实现自己的人生价值。我们语文老师不应该只会教书，还要

会育人！所以人文素养的熏陶、道德品质的培养是语文教育的"根"和"本"，语文教学如果失去了它的"根"和"本"，也就失去了这门学科存在的意义和价值。记得曾有位大师说过："一个国家，一个民族，亡国都不怕，最可怕的是一个国家和民族自己的根本文化亡掉了，这就会万劫不复，永远不会翻身！"因此，对传统文化的传承和发扬，语文教育自当责无旁贷。虽然我从事高中语文教学时间不长，但我认为中央将社会主义核心价值观融入国民教育，是对中国传统文化的进一步传承和发扬，对进一步引导学生更加重视语文学科和更好地学好语文意义重大。抓好高中语文教学，是践行社会主义核心价值观的具体体现。那么在语文教育教学中，怎样渗透社会主义核心价值观呢？我认为可以从以下几个方面来融入和渗透。

一、在高中语文教学中渗透爱国教育

爱国是社会主义核心价值观公民层面的价值准则，是公民基本的道德，是学校德育的重点。教师要在高中语文教学中渗透爱国主义教育，使爱国主义教育与高中语文教学有机地结合起来。

1.在学习祖国语言文字中渗透爱国教育

汉字是表意性的文字系统。它代表着我国古代劳动人民的智慧，它是中华文化的结晶，记录着中国文化的演变和发展，对激发中学生的爱国热情，培养中学生的爱国情操，早日实现中华民族伟大复兴的中国梦，具有非常重要的意义。因此，在语文教育教学中，语文教师要时刻牢记新课标的具体任务和要求，紧扣高中语文教学的特点，结合汉字文化对学生进行爱国主义教育，比如在教学文言文时，可以通过讲授汉字知识，使学生了解汉字的起源、演变和发展历程；让学生了解汉字是我国各民族团结的纽带，是国家统一的象征，是中华文化的瑰宝，使学生明白汉字的重要地位，明白祖国语言文字源远流长，魅力无穷，这样既可以增长学生的知识，又可以培养他们对汉字和祖国的热爱之情。

2.在高中语文教学中渗透爱国教育

语文教材中有很多篇目都可以渗透爱国主义教育，高中阶段是学生树立正确的世界观、人生观和价值观的关键时期，而爱国主义教育的渗透，不仅可以陶冶他们的情操，启迪人他们的心智，还可以培养他们的家国情怀。所以在语文教学中渗透爱国主义教育意义重大。比如在教学《离骚》这篇课文时,首先要求学生对屈原的生平和经历进行预习梳理,让学生自己查阅屈原是怎么死的? 使学生了解屈原以天下为己任的忧国忧民的情怀,之后结合文中"长太息以掩涕兮,哀民生之多艰、亦余心之所善兮,虽九死其犹未悔、宁溘死以流亡兮,余不忍为此态也、虽体解吾犹未变兮,岂余心之可惩"等句子进行分析,让学生体会屈原在文中蕴含的爱国情怀。在学习文章之后要进行课外延伸,可以让学生谈谈什么是爱国,在现实生活中我们如何去学习屈原那种爱国主义精神等等! 通过一系列的讨论、交流和学习,学生不仅提高了理解能力和表达能力,也很好的渗透了爱国主义教育,潜移默化地提升他们的爱国情操。在教学《苏武传》、《烛之武退秦师》、《登高》、《书愤》等课文时,也可以拿出一部分时间进行爱国主义教育,让学生进行讨论:哪些地方体现了爱国,并作课外延伸,让他们说说在和平时期怎样爱国,最后达成共识。

二、在高中语文教学中渗透法制教育

中国是一个法制社会,每个人都会受到法律的约束和限制,中国古代提倡"王子犯法,与庶民同罪"。可见,在法律面前,人人平等,法律对每个人都是公平的,如果一个国家没有了法律,那它拿什么来为教育保驾护航? 它拿什么来维护社会的长治久安? 所以,为了社会的和谐稳定,也为了青少年的健康成长,我们老师在传道授业解惑的同时,更应该给学生渗透一些法制教育,正确地引导他们,让他们能知法、守法、自觉约束自己的言行,养成守法习惯,培养守法意识,提高守法能力,这样才能够减轻青少年犯罪的现象。

那么,怎样在语文教学中渗透法制教育呢? 我认为可以结合一些涉及法律知识的篇目因材施教。例如在教学《寡人之于国也》这篇课文时,可以结合"不违农时,谷不可胜食也;数罟不入洿池,鱼鳖不可胜食也;斧斤以时入山林,材木不可胜用也。谷与鱼鳖不可胜食,材木不可胜用,是使民养生丧死无憾也"这些句子,向学生渗透一些《中华人民共和国环境保护法》通过讨论、交流等形式,让学生知道要保护环境,不能滥砍滥伐;让他们知道"人类不爱大自然,必将受到大自然的惩罚,从而形成"保护大自然,就是保护人类自己"的意识。在学习《包身工》时给学生渗透《中华人民共和国未成年人保护法》,让学生知法、守法、懂法并且会用法律手段来保护自己。现在边远地区有这样的普遍现象,就是学生刚读完初中或高中就回家结婚生孩子了,她自己都还是一个孩子,拿什么来抚养她的孩子? 她又会怎样教育她的孩子? 这些都是值得我们思考的问题,也是教育要解决的问题,那么作为老师,我们就有责任对学生进行正确的引导,比如在学习《大堰河—我的保姆》时给学生渗透《中华人民共和国婚姻法》,要让学生知道法定的结婚年龄,知道法律的重要性,不要轻易去触碰法律的底线。

当然,除此之外,我们还可以在班会课的时候组织学生看一些法制节目,并让学生进行分析和讨论,从而提高他们对法律的认识,自觉的做一个遵纪守法的人,做一个合格的公民。

三、在高中语文教学中渗透诚信教育

诚信是中华民族的传统美德,是社会主义核心价值观的重要组成部分,是做人之本、兴业之本、立国之本。五千年,文明史,礼仪邦,德至上,国之魂,民之本,仁义礼,诚信善。明礼为先、诚信为本是做人的重要原则。古人将明礼之人称为"谦谦君子",将诚信之人赞为"一诺千金"。作为炎黄子孙、龙的传人,继承祖先的优良传统是我们义不容辞的使命。

那么,什么是诚信? 诚信就是诚实守信。人无信则不立,业无信则不兴,诚信是立身之本、做人之道,一个说话不算数、不守信的人必然会引起大家的反感,反之,一个处处做到诚信的人一定会赢得大家的尊重和认可。我们中华民族素有礼仪之邦的美称,自古以来看重诚信。孔子曰:"人而无信,不知其可也"。"墨子曰:"志不强者智不达,言不信者行不果"。孟子说:"诚者,天之道也;思诚者,人之道也"。还有"言必信,行必果"、"一诺千金"、"一言既出,驷马难追"等俗语也都是在强调诚信的重要性。所以,作为高中语文教师,必须认清楚诚信教育在学生成长过程中的重要意义,认识到诚信教育是高中语文教学中不可缺少的内容,要始终将诚信教育融入自己的教育教学中,担起诚信教育的重任。我们可以通过《小狗包弟》、《廉颇蔺相如列传》等文章,把诚信教育渗透在教育工作中。还可以通过开展以"诚信"为主题的班会、辩论赛和演讲等活动,以及设立无人监督"诚信考场"、"诚信阅览室"等方式来提升学生的诚信意识和道德素质,增强学生的荣誉感和责任感。引导学生说诚信话,办诚信事,做诚信人,懂得讲文明、重诚信必须从我做起,从现在做起,从日常生活中的每一件小事做起,从而形成人人

讲诚信的良好氛围。

总之,我们为人师者,当以张载的"为天地立心,为生命立命,为往圣继绝学,为万世开太平"自勉,本着对自己负责,对家长负责,对孩子的未来负责,对祖国的教育负责的态度,我们在搞好平时教学的同时,应该注重培养学生的人文素养,应合理有效的给学生渗透一些社会主义核心价值观,这既有利于继承和发扬祖国的传统文化,也有利于让学生树立正确的世界观、人生观和价值观,更有利于社会的和谐、稳定、健康发展。

综上所述,高中语文作为高中生学习的一门基础课,是学生提高思想道德修养和科学文化素养的一门重要学科,对弘扬民族优秀传统文化和培养高素质人才具有重要作用。能促使学生自觉做到热爱祖国、知法守法、诚实守信,这也是社会主义核心价值观目的之所在。所以,将社会主义核心价值观融入国民教育、融入高中语文教学,是最科学最合理最现实的决策和选择,这对我们每个老师来说任重而道远。

参考文献:

[1]周中之,石书臣.社会主义核心价值体系教育探究[M].上海人民出版社,2007

[2]叶开.《语文是什么[M].华东师范大学出版社,2014(08)

[3]刘峥,刘新庚.青少年学生社会主义核心价值观导引体系研究[M].中国青年研究,2012(3):92-95

春风化作雨,润物细无声

——浅谈在高中语文教学中渗透社会主义核心价值观思考与实践

作者: 龙甸屏

摘要: 高中学生是我国青年群体的重要组成部分,他们大多处于青春期,身心不够成熟,需要积极的引导和教育。语文教学有着重要的德育功能,应当将社会主义核心价值观渗透到语文教学中,本文即从课堂教学、课外阅读、写作教学三个方面探讨了具体的渗透途径,以此达到一种"春风化作雨,润物细无声"的良好育人状态。

关键词: 社会主义核心价值观;高中;语文;教学

党的十八大报告中明确提出三个倡导,即倡导富强、民主、文明、和谐,倡导自由、平等、公正、法治,倡导爱国、敬业、诚信、友善,积极培育社会主义核心价值观。

社会主义核心价值观根植于中华民族优秀传统文化中,将中华民族优秀传统文化作为涵养社会主义核心价值观的精神支柱,是对中华民族深厚文化的发扬光大,对于推动社会主义现代化建设及人类精神文明的进步有着重要的意义。

一、高中语文教学渗透社会主义核心主义价值观的必要性

首先,社会主义核心价值观是优秀民族文化的思想内核,是引导社会大众正确思想及行为的关键所在。高中生是祖国的未来,在学习和生活中,更应当践行社会主义核心价值观。

第二,语文学科的特性要求在教学中坚持正确的政治方向。相较于其他学科来说,语文学科有着一定的特殊性,有着工具性与思想性相统一的特点,即文

34

以载道。高中语文新课标明确提出，在教学的过程中，不单单要教授语文知识和技能，更要起到陶冶情操、培养品格的作用，而社会主义核心价值观无疑为语文教学提供了正确的指导方向。

第三，语文教学在融入社会主义核心价值观方面有着天然优势，语文和文字是信息的载体，是交流的工具，是人类文化的重要组成部分，高中语文新课标的设计立足于知识能力、情感态度和价值观三个方面，三方面相互融合，树立正确导向，这是语文学科的优势所在。

二、高中语文教学渗透核心主义价值观的途径

1.在课堂教学中渗透社会主义核心价值观

（1）倡导自主、合作、探究的学习方式

高中语文新课标提出要创新学生学习方式，遵循自主性、探究性及合作性的原则。传统教学方式为老师教学生学，学生的学习是被动的，往往被动接受教师灌输的知识，难以提升学生的学习兴趣。尤其对于高中学生来说，其正处于身心发展的关键阶段，学习压力较大，在此过程中，应当为他们营造开放性、灵活性的教学环境，引导学生在学习的过程中主动探索，探寻生活中的问题，加强与其他学生的交流，在此过程中，加深对社会主义核心价值观的理解和认识。

（2）诵读经典篇目，体会民族文化精髓

高中语文教材选材涵盖面广，内容丰富，其中不乏体现社会主义核心价值观的经典篇章[2]。上文中提到，中华民族有着丰富的优秀文化，这也是社会主义核心价值观的思想内核。而在高中语文教材中，不乏经典古诗文，这些经典之作搭载着优秀的中华文化，蕴含着社会主义核心价值观的核心思想，因此，教师应当引导学生积极诵读教材中的经典篇目，体会民族文化的精髓，潜移默化的培育学生的社会主义核心价值观。

（3）天下兴亡、匹夫有责的爱国情怀

爱国精神是中华民族在几千年发展中延续、传承下来的优秀民族精神，同时也是社会主义核心价值观的重要组成部分[3]。在高中语文课堂上，应当积极引导青少年学生认识中国梦是每一个人的梦，强化国家认同感，培养该国主义精神，

从而引导青少年学生为中华民族伟大复兴而努力奋斗。在高中语文人教版教材中,有众多涉及爱中国精神的篇目。

《荆轲刺秦王》中塑造了荆轲这一爱国志士的形象。当时韩国、赵国已经被秦所灭,秦统一六国是大势所趋。在这样的背景下,燕太子想要派刺客刺杀秦王,之后发生了荆轲刺秦王的故事。荆轲明知道去刺杀秦王有去无回,但仍然毅然决然的前往,"风萧萧兮易水寒,壮士一去兮不复还"的壮烈形象就这样千古流传,荆轲身上所体现出的勇敢、坚忍的爱国精神值得每一位青年学生学习。

屈原的《离骚》是一首爱国抒情长诗,为了国家富强,提出了举贤授能的主张,并主张联齐抗秦,一直心系国家安危。但屈原却受到群臣排挤,帝王疏远,国家富强无望,引起了屈原的忧愤。《离骚》深深震撼着人心,其中蕴含的爱国精神和情感流传至今。

(4)仁爱共济、立己达人的社会关爱

当今时代,人际关系淡薄,社会冷漠问题时有发生,积极开展以仁爱共济、立己达人为核心的社会关爱教育正是对民主、文明、核心等社会主义核心价值观内容的践行,以此来改变青年学生"两耳不闻窗外事,一心只读圣贤书"的观念,强化其社会责任感,在高中生群体中形成关爱社会、乐于奉献、尊重他人的良好风尚,真正将其培养为讲文明、高素养、有爱心的社会主义青年[4]。

杜甫的诗可以作为良好的教学材料,杜甫生活在唐朝转向衰败的动荡时期,其诗句中有很多是描写社会黑暗和人民疾苦的,这正彰显了其"兼济天下"的精神理念。杜甫自己的一生也可以用穷困和苦难来形容,可谓尝尽世间悲苦因此,面对百姓的疾苦,他感同身受。例如杜甫的《登高》、《秋兴八首》(其一)等都是其苦痛和忧思天下的写照。

再以《陈情表》为例,全文塑造了一个忠孝两全的形象,奉养祖母时,"臣侍汤药,未曾废离",随着祖母病情的加重,自己不忍离别之情也逐步推向高潮,这种表达得到了晋武帝的同情和谅解。这也完全可以作为培养学生仁爱共济、立己达人思想的素材。

(5)正心笃志、崇德弘毅的人格修养

高中阶段是青少年三观形成的关键时期,作为教师,应当提升高中生辨别是非的能力,培养学生坚韧豁达的精神[5]。正心笃志、崇德弘毅正体现了社会主义核心价值观中的自由、公正、诚信、敬业、友善等。在人教版高中语文教材,有许多篇目涉及人格修养的篇章。

何为自由,豁达乐观为自由,与世无争为自由,陶渊明归隐田园并非是逃避现实,而是对自由的向往。一首《归去来兮辞》为情造文,简单勾勒美好的田园生活,字字句句彰显自己豁达的精神。学习《归去来兮辞》,学生应当理解陶渊明不与人同流合污、向往真正自由的高尚人格与品质。

何为友善,与人为善,方能为友,蔺相如有"完璧归赵"的佳话美谈,有渑池之会为赵王解围的功绩,但廉颇却不甘心屈居其下,想要羞辱蔺相如,蔺相如得知消息后,并未生气,反而从大局出发,向廉颇发出善意,最后廉颇负荆请罪,二人成为莫逆之交。《廉颇蔺相如列传》不正能够教诲学生与人为善和为人处世的道理吗?

2.在课外阅读中渗透核心主义价值观

教师可以组织学生开展课外读书活动,各班级设立读书展示专栏,开展读书沙龙等,以学生喜闻乐见的形式提升课外阅读效果,深化学生对社会主义核心价值观的理解。

课外阅读的关键在于课外读物的选取,经典读物中有许多经典的语句,能够告诉学生为人处世的道理,如教师可以推荐川端康成的《父母的心》,教会学生懂得感恩父母,感恩社会,懂孝道,明事理,更好地践行社会主义核心价值观。

3.在作文写作中渗透核心主义价值观

写作的过程是通过文字表达心灵和自身感受的过程,强调学生对生活的理解和创造性的感悟与表达,在写作的过程中,学生能够加深对自我的认识,加强对生活的感悟,拓展对世界的理解,这自然而然就让写作成为培育学生社会主义核心价值观的重要渠道。在写作教学的过程中,教师应当积极引导学生,让学生勇于探索和感悟生活,认真思考,勇敢表达,在此过程中不断陶冶情操,完善自身,树立正确的三观。

高中学生身心不成熟,处于青春期的他们,在心理上很容易出现问题,例如笔者教学中发现,许多学生在学习和生活中不善于表达,性格较为内向,少与同学和老师交流。而写作则能够有效解决上述问题,在写作的过程中,学生可以将自己的观点、情感搭载在文字上,能够更好地表达自己[6]。作为高中语文教师,要成为学生写作的引路人,让他们勇于创作,敢于写作,敢于用文字来抒发自己的情感,表达自己的观点,教师则要认真评鉴学生的作品,感受学生字里行间中流露出的真情实感和观点,加强与学生的交流、沟通,并选取优秀范文让学生一同赏析,以写作来陶冶情操,培养健康的品格。举例如下:

第一,在观察生活的过程中辨别美丑。写作源于对生活的感悟,因此,在写作教学的过程中,教师应当引导学生回归丰富的生活中,让学生观察生活、体验生活,挖掘生活中的真善美,并将对生活的感悟融入文字中,抒发对生活美好的向往,同时也要勇于抨击社会中的不良现象,从而培养学生优良的是非观。

第二,在日记中抒情言志。在此过程中,教师不要拘泥于学生的写作内容,高中学生对许多事情都形成了自己的看法,应当鼓励其在日记中挖掘生活中的美,点评时事热点事件,并在写作的过程中加以思考,磨炼意志品质,完善价值观。

三、结语

语文属于社会科学学科的范畴,其与人的思想情感、道德修养及价值观等有着密不可分的关系,在语文教学中融入价值观教育,实质上就是发挥语文的德育功能。

高中学生是祖国的未来,加强对高中学生社会主义核心价值观的教育至关重要。语文教学在此方面有着得天独厚的优势,笔者结合教学实践及经验,从课堂教学、课外阅读及写作教学三个方面予以分析,结合实例提出了在语文教学中培育高中生社会主义核心价值观的思路和方法。由于笔者能力有限,文章尚有不足之处,希望自日后的工作实践中不断总结,真正将社会主义核心价值观融入自身的教学活动中。

参考文献:

[1]陈戈,周义. 将社会主义核心价值观融入高中语文教学[J]. 才智,2014,

(20):31-34

[2]彭国良,曾文霞.农村高中语文教学弘扬社会主义核心价值观实施路径的思考[J].当代教育理论与实践,2016,8(12):7-9

[3]李孔文.社会主义核心价值观有机融入语文课程设计[J].课程.教材.教法,2014,34(12):45-50

[4]王翠红.刍议高中语文教学中传统文化的渗透[J].中国校外教育,2016,(08):6

[5]祝高波.德育教育在高中语文教学中的渗透[J].现代交际,2016,(16):170-171

[6]陈娟.高中语文教学中儒家思想对学生道德情操培养的意义[J].语文教学通讯·D刊(学术刊),2013,(01):23-24

浅谈在诗词教学中培养学生的家国情怀

作者: 沈正晖

摘 要: 诗词教学是中学语文教学的重要组成部分。诗词教学课增强学生的国家意识,有助于学生的精神和灵魂的塑造。但在诗词教学落实国家意识教育,不能靠说教式的灌输,要让学生在与文本的对话和品读过程中、与作者一起去创造,去获得真切的感悟体验。

关键词: 高中;语文;诗词教学;家国情怀;爱国

诗词教学是中学语文教学的重要组成部分。《尚书·舜典》曰:"诗言志"。鲁迅先生的《自题小像》中有这样的诗句:"寄意寒星荃不察,我以我血荐轩辕。""轩辕氏"是我国传说中的上古帝王,中华民族的始祖。诗中的"轩辕"代指中华民族。全诗只有短短四句,却淋漓尽致地表达了作者坚定为祖国奉献一切的真挚情感。以诗文言心怀天下之志,是中华民族文化的精髓。因此教诗明志,增强学生的国家意识,正是语文教学的应有之义,而诗词教学中的素质教育也不外乎此,须知学生的精神和灵魂的塑造,诗词教学是一个极其重要的途径。

唐代柳宗元和宋代周敦颐曾明确提出"文者以明确也"、"文所以载道也。"元代郝经更为精辟地说明了文与道相生相克的整体性,他说:"道非文不著,文非道不生。"总之,文国道存,道以文显,语言形式与思想内容是不可分割的整体。语文教材中的许多诗词篇目,文质兼美,都存载着浓厚的国家意识。

如《乡愁四韵》体现了作者的思乡之情,能引起思念亲人,怀念故土的共鸣。《离骚》给我们展现一个追求真理,坚强不屈,为了追求美好的理想"虽九死其犹未海"的高洁形象。这一形象,是中华民族精神的集中体现,两千多年来给了无数仁人志士以品格和行为的示范。《春望》让我们看到了诗人对现实的无奈和对国家未来的忧虑。《茅屋为秋风所破歌》以"安得广厦千万间,大庇天下寒士俱欢颜,风雨不动安如山"表现诗人博大的胸襟和崇高理想。这些炽热的忧国忧民的情感和迫切要求变革黑暗现实的崇高理想,千百年来一直激动读者的心灵,并产生过积极的作用。诸如此类感人肺腑的优秀诗篇在古典诗词和现代诗篇中不胜枚举，它不但陶冶、净化着我们的灵魂，并且激励着我们为国家和民族的振兴而不懈奋斗。

诗教过程中，经典有着永恒的教育价值。潜心阅读一些经典作品，往往能给人留下深刻长远的影响。白居易《苏州法华院石壁经碑》："佛湟槃后，世界空虚，惟是经典，与众生俱。"语文教材中的诗词多为承载民族文化的经典之作，其中标志着古代文学光辉成就的有《诗经》、《楚辞》、唐诗、宋词等，也有出自现当代著名诗人艾青、戴望舒、冰心等人之手的典范作品。这些对引领学生精神成长，提高语文素质，具有重要的奠基作用。

如范仲淹的《岳阳楼记》以骈体写景抒情，用"衔远山，吞长江"使静景富于动态美；"北通巫峡，南极潇湘"，写出了洞庭湖独特、重要的地理位置；用"不以物喜，不以己悲"的互文形式，借古仁人表明了自己的博大胸襟；"先天下之忧而忧，后天下之乐而乐"概括了范仲淹一生追求的为人准则，是其忧国忧民的集中体现。作此文时，范与腾子京"同是天涯沦落人"，谪居他乡，却未见半句牢骚，唯现崇高胸怀。作品因高度凝练的概括，超凡脱俗的境界而成为千古绝唱，激励着历代仁人志士为国家献身。教学此文，引导学生对范仲淹的忧乐观进行深层次的思考，对于加深对文本的理解，从小树立报国之志，是十分有益的。而诸如此类的诗文在中学语文课本中数量很多，其教育功能和意义甚巨。

当然，诗词教学落实国家意识教育，不能靠说教式的灌输，要让学生在与文本的对话和品读过程中，与作者一起去创造，去获得真切的感悟体验。

刘勰云"夫缀文者情动而辞发，观文者披文以入情，沿波讨源，虽幽必显。"作家的创作，总是由内而外，即先有因客观现实的感发而产生的内在情感，然后才用一定的文辞(形式)表达出来；而读者阅读文学作品，则是由外而内，通过外部的艺术形式，获得对形象的具体感受，引起感情上的共鸣，从而获得审美享受。诗词教学是一种精神活动，指导学生鉴赏诗词，要突出一个"人"字，就是要入眼、入脑、入心，要进入作者的思路，要进入语言文字传递的思想感情，进入诗人描绘的艺术境界。

诚如是，则以诗词教学浸润学生的家国情怀，提升学生的审美能力的目标也就实现了。

依托高中语文教学厚植社会主义核心价值观

作者: 刘 华(*罗甸县教育局*)

摘要:立德于心,可化孕生命,将社会主义核心价值观融入高中语文教学,潜移默化,引导学生建立自己的道德高地和精神高地,正教于格,树立学生知善、向善、求善乃至至善的价值观。

关键词:社会主义核心价值观;高中;语文教学;人民教育

中国特色社会主义核心价值观核心为"富强、民主、文明、和谐,自由、平等、公正、法制,爱国、敬业、诚信、友善",分别从国家、社会、公民三个层面诠释了民族的价值体系,旨在建立一个精神价值认同的民族命运共同体。

多年从事高中语文教学,笔者认为国家将社会主义核心价值观普及并融入人民教育,对进一步强化教育队伍家国认同、角色主体认同、国运系我认知,形成教育教学主体责任担当信念,从而全心全意培育学生健康成长和成为热爱祖国、品格端正、胸怀天下的合格公民。

社会主义核心价值观三个层面中,公民层面"爱国、敬业、诚信、友善"与我们的高中语文教学息息相关。我们要善于抓住机会在语文教学中践行和贯彻社会主义核心价值观,彰显高中语文教师对国家、民族、社会的责任担当和教学艺术。现结合个人教学实际试述在高中语文教学中渗透社会主义核心价值观之浅见。

一、培育高中生爱国情怀是高中语文教学之重要人文目标

对国家的认同与深厚的情感是一个公民必须具备的美德,也是中华民族传承千年而曾断裂血脉传统。高中语文作为认知汉字和传递、表达、理解汉语、汉文化的一门学科,对国人认识和了解自己民族五千年璀璨悠远的文化历史,对培植国人爱国热情并固化为品格,从而同心同德、合力共建强大中国,实现民族伟

大复兴之梦,意义深远。

作为一名语文教师,自身一定要具备"以国家之务为己任"的爱国之情,并将加强爱国主义教育作为自己一项神圣的教育使命。在常态教学中,践行新课改理念,结合学科特点,多角度、多形式对学生进行爱国主义思想教育。讲授汉语知识,通过汉字的起源和发展历程,让学生认识到汉字是我国各民族团结的纽带,是国家统一的象征,是中华文化的瑰宝。给学生讲述当下汉语国际地位的不断提升和汉语热逐渐成为一种新的时尚,使学生感受到汉语的重要地位和祖国语言的优秀,激发国之豪情。讲授《荷塘月色》、《故都的秋》、《沁园春·长沙》、《人生的境界》、《烛之武退秦师》、《飞向太空的航程》等描绘祖国如画自然风景、反映历史上杰出人物英雄业绩和重大科学成就的文章,让学生了解中华民族的光辉历史和优良传统,引导学生树立"为中华之崛起而读书"这样远大的学习信念,激发学生的民族自豪感和祖国大好河山热爱之情,帮助他们树立报国之志,并将爱国热忱转化为人生行动,让自己成为国家优秀的建设者和接班人。

二、尽责敬业躬耕是教师必备之职业品格

《中小学教师职业道德规范》明确规定教师要"忠诚于人民的教育事业,志存高远,勤恳敬业,甘为人梯,乐于奉献。对工作高度负责,认真备课上课,认真批改作业,认真辅导差生。不得敷衍塞责"。这既是对教师的基本要求,也是千百年来教师职业精神的优良传统和美德,是教师的立身之根、立教之本。如果没有这种敬业精神就无法做一个称职的人民教师。

要做到敬业,一要忠诚于教育事业,热爱教师这一职业。要把教育兴国视为己任,将国家教育事业与自己的个人命运紧密联系在一起,淡泊名利,对工作兢兢业业,做到干一行、爱一行、专一行。二要潜心教学研究,不断提高自身业务水平。对于工作中出现的新情况、新问题及时加以研究和解决,不断探索教学规律,不断学习新知识、新技能,改进教学方法;全面推进素质教育,精心组织课堂教学,充分调动学生的学习积极性,不断提高学生主观学习意识,真正做到向课堂四十五分钟要质量,促进自己的教学工作迈上新台阶。三要关爱学生健康成长,促进学生全面发展。在平时教育教学工作中尊重学生人格,平等对待每一个学生,对学生多褒扬、多鼓励,不断增强学生的自信心,给学生充分的展示机会;

深化养成教育,严格执行《中学生守则》、《中学生日常行为规范》,督促学生养成良好的行为习惯;注重对学生的感恩教育,通过开展"知恩于心,感恩于行"主题教育活动,让学生形成健康良好的个人素养。另外,通过教师举手投足的示范,让敬业精神在学生思想中深深扎根,使他们认识到敬业不仅能反映一个人的职业道德素养、成就事业,而且会感染和引领团队和社会风气。

三、高中语文教学要抓实对学生的诚信教育

诚信就是诚实守信。我们中华民族素有礼仪之邦的美称,自古以来看重诚信。孔子曰:"人而无信,不知其可也。"墨子曰:"志不强者智不达,言不信者行不果。"顾炎武说:"生来一诺比黄金,哪肯风尘负此心。""言必信,行必果"、"一诺千金,一言百系"、"一言既出,驷马难追"等古训,都说明了"诚信"对于一个人的重要性。诚信是立身之本,一个不守信的人必然会引起大家的反感,失去别人的信任。相反,守信的人言行一致,表里如一,会使人产生敬意。

当前一些不良社会环境与道德氛围对学生的人生观和道德观产生了冲击,致使部分学生诚信缺失,出现了少数学生考试作弊、言行不一、欺骗他人的行为。这种教育现状强烈呼唤诚信教育。作为语文教师,必须认识到诚信教育在学生成长和社会发展中的重要性,认识到诚信教育是语文教学不可或缺的内容,始终将诚信教育融入日常教学管理中,担起诚信教育的重任。在诚信教育工作中要做到以学生为主体,不断丰富诚信教育的形式和内容,精心安排贴近生活、贴近实际、贴近学生的诚信教育语文活动,通过收集诚信格言,遴选诚信誓词,开展以"诚信"为主题的语文研究性学习研讨会、课堂辩论会和即兴演讲等活动,开展无人监督"语文诚信考场"、"诚信阅览室"等诚信场所,提升学生的诚信意识和道德素质,增强学生的荣誉感和责任感,形成人人知诚信、人人讲诚信的良好氛围。

四、高中语文教学要融入友善意识的培养

人与人之间亲近和睦、友好和善是拉近距离、更好地融入社会的前提,是社会风气良好的重要标志,是中华民族的传统美德。

古往今来,很多圣贤之士都非常重视友善教育,在高中开展友善教育,是一件长期而复杂的系统工程,同时也是一件功在社稷、利在千秋的大事。在平时的

教学中我们要尽力营建一个富有浓郁人文气息的教学环境,使学生耳濡目染置身其中,受到潜移默化的熏陶感染,让师生互相尊重,学会换位思考,使教与学达到有机统一;教师在课堂上要捕捉闪光点,抓住学生向上向善的心理,多为学生创设成功体验的机会。在课堂上教师还要多开展有益互动教育。诸如优秀生结对帮扶后进生、"建设友善学习小组"、"友善你我他"等学习活动,培养学生在语文课堂上精诚合作、团结友爱、助人为乐、奉献爱心的良好品德。

语文作为一门集传承文化与工具性于一身的学科,在传承中华民族上下五千年的悠久历史,弘扬中华民族博大精深的传统文化方面发挥着不可替代的作用,在新时期的语文教学中,我们要把传承教育和对学生的人格培养塑造结合起来,从教学中的点点滴滴入手,帮助学生形成良好的人格素养,在日常生活中自觉做到爱国、敬业、诚信、友善,以社会主义核心价值观作为指导自己的人生航标,以积极、健康、向上的精神风貌接受历史的使命和重托。

将社会主义核心价值观融入人民教育、融入语文教学,是当前教育环境下提升全民素质最科学最合理最现实的决策和选择。

文以载道,道之社会主义核心价值观

作者: 罗家炳

摘 要:社会主义核心价值观基本内容是"富强、民主、和谐、自由、平等、公正、法治、爱国、敬业、诚信、友善"。高中语文教材有的篇目也渗透其核心价值观。文以载道,在语文教学及课外活动中,教师要给予学生社会主义核心价值观的教育,让核心价值观进学生的头脑,让学生确立正确价值观,成为社会、国家有用之才。

关键词:语文教学;文以载道;核心价值观

在太平盛世的中国,我们始终要对青少年进行社会主义核心价值观教育。语文教材中大部分篇目都承载着传道的作用,下面我从七个方面浅谈借助语文学科特点对学生进行社会主义核心价值观教育。

一、对学生进行社会主义核心价值观教育刻不容缓

毛泽东让中华民族站起来,邓小平让中国人富起来,江泽民让中国人壮起来,胡锦涛让中国人美起来,习近平让中国人强起来。每个时代都有其时代的主旋律,江泽民提出"三个代表",依法治国;胡锦涛的服务三农,科学发展观。中共十八大报告提出的社会主义核心价值观基本内容概括为"富强、民主、文明、和谐、自由、平等、公正、法治、爱国、敬业、诚信、友善"24字,分为国家、社会、公民三个层面,一个人乃至一个民族,要内树素质,外立形象,而只有内在素质高,外在形象才俊朗。当今,国际敌对势力对我国实施西化分化,面对世界范围思想文化交流交融交锋形势下,受西方和国内一些不良因素的影响,学生道德滑坡状况堪忧。从国内、国际形势、历史经验和党的建设来看,加快确立和建构中国特色社会主义核心价值观已成为一项十分紧迫的战略任务。

核心价值观是精神支柱,是行为导向。落实核心价值观,国民言行举止文

46

明,团结友善,爱岗敬业,诚信待人,追求自由平等,社会中人与人之间和谐相处,国家制定健全的法制,才显得公正,讲民主,这样国家富强,实现中国梦方可指日可待。

青少年是国家的未来,民族的希望,培育和践行社会主义核心价值观从学校抓起,坚持育人为本,德育为先,围绕立德树人的根本任务,构建社会主义核心价值观"三进"的常态系统,让其进教材、进课堂、进师生头脑,强化常态效应。把社会主义核心价值观纳入国民教育的规划,落实在教育教学中,各位任课教师要携手育人。

二、文以载道,师为媒介

我国著名语文教育家叶圣陶说:"学语文,就是学做人。"我是一名语文教师,并且是一名中共党员,深爱我们的祖国。课堂教学中,在传授文化知识的同时,有责任对学生进行社会主义核心价值观的教育,使其树立正确的价值观、人生观,在他们幼小的心灵植根,将是作为学生终身的人生导航。《师说》有言:"师者,传道授业解惑也。"把传道放在前面,可见其重要性。教师的职责是教书育人,重在育人。高中语文教材中蕴含着价值取向和价值认同方面的核心价值观因素,文以载道,我们要借助这文质优美的篇目,向学生渗透社会主义核心价值观教育。

三、以国为荣,有一颗中国心

爱国是指以振兴中华民族为己任,促进民族团结,维护祖国统一,自觉报效祖国。《烛之武退秦师》展现了烛之武等人在国难当头不计个人安危得失,顾全大局的爱国主义精神。《荆轲刺秦王》中的荆轲为了燕国视死如归,图藏七寸匕首,直闯虎穴龙潭,只求手刃暴君,不惧血溅秦廷。"风萧萧兮易水寒,壮士一去兮不复反。"这样的壮举激励一代又一代的爱国志士,抛头颅,洒热血。《纪念刘和珍君》中鲁迅先生对刘和珍等爱国青年渴求真理,勇于斗争,对祖国有高度责任感的精神极为赞赏。《沁园春·长沙》,毛泽东写出了对国家民族的感慨和以天下为己任的一种责任担当。班固在《苏武传》中,让我们看到苏武"富贵不能淫,威武不能屈"有骨气的爱国情操。坐在宽敞舒适的教室的学子,意识到语文是国宝,热爱祖国的语言文字也表明爱国,我们要学好语文,对它不离不弃。

四、民智者，富强之源也

富强乃国富民强，是中华民族梦寐以求的美好夙愿，也是国家繁荣昌盛，人民幸福安康的物质基础。可回首往事让我们痛心疾首，我们可从一些文章中看到中国农民的贫穷，白居易的《观刈麦》中"复有贫妇人，抱子在其旁。家田输税尽，拾此充饥肠"。劳动人民最基本的生活没有得到保障。鲁迅先生《祝福》中的祥林嫂无自由可言，封建思想的桎梏，让她无说话的余地，她两次嫁人，儿子被狼吊走，有些老女人在街头听到她的话，便特意寻来，要听她这一段悲惨的故事。可看出民众冷漠麻木的心灵，人与人之间缺乏友善。友善要求公民之间应互相尊重，互相关心，互相帮助，和睦友好。祥林嫂后来沦为乞丐，在人们祝福美好的除夕之夜饿死，归根结底在于人民的贫穷，正因为贫穷才导致一系列恶劣事件的发生。如今中国正实施"十三五"规划，举国上下正在打一场脱贫致富攻坚战，中国人民将走向小康社会。祥林嫂的悲剧在当今社会绝不可能发生，二十一世纪的中国学生享受到了生活在太平盛世的国家，切身感受到富裕带来的幸福感，他们的未来将使中国变得更加富强，国家强，少年则强，少年强，则国家更强。《寡人之于国也》里提出治国之道，使国富裕的办法，"不违农时，数罟不入洿池，斧斤以时入山林……"这样七十者可以食肉矣。

五、自由、平等是大众的热望

自由、平等是人类社会的美好向往，自由，是人的意志自由、人身自由、言论自由等。平等指公民在法律面前一律平等，尊重和保障人权，人人依法享有平等参与，平等发展的权利。自由平等是众人为之追求的，是每个人都渴望的，这是我们人之为人的最基本的要求。然而，在过去全世界许多人就缺乏自由，人与人之间不平等。被统治者受到统治者任意宰割、踩踏。曹雪芹《林黛玉进贾府》中的贾宝玉就鄙视封建社会中的陋习，要求自由、平等。夏衍笔下的《包身工》，包身工失去人身自由，过着非人的生活。

六、国有常法，虽危不乱

法治是治国理政，维护和保障公民的根本利益，是实现自由平等、公平正义的制度保证，旧社会的中国由于没有建立健全法制，很多事无法可依，有权有势者违法后逍遥法外，官官相护，执法不严，受害的是人民大众。《林教头风雪山神庙》中的高俅(高太尉)的高儿子高衙内,依仗其干爹为所欲为、横行霸道。高俅有权有势,视林冲的生命如草芥。《窦娥冤》中的官员就是法律,社会缺乏民主,使得官员贪赃枉法,致使窦娥含冤而死。如今我国是人民当家做主的国家,是法制的国家,依法治国、依法办学、依法行事,当然我们期待更健全的法律制度。

七、把最高的权力交给人民

民主,人类社会的美好诉求,人民当家做主,是创造美好幸福生活的政治保障。贾谊的《过秦论》中的秦国统治者反其道而行之,焚百家之言,以愚黔首,杀豪杰,做的是灭绝人性的事,采取防民、弱民政策,人民敢怒不敢言,秦国大逆不道,自食其果。社会主义的中国,实行的是人民代表大会制度,制定富民政策,让人民共同富裕,人民参政议政。

语文教材就是社会主义核心价值观教育的教科书,要充分利用其价值。除利用教材中渗透社会主义核心价值观教育,学校、教师可组织青少年参加力所能及的生产劳动和爱心公益活动,营造校园文化,加强创办学校报刊,重视校园人文环境教育和周边环境整治,这样更加顺利地实施社会主义核心价值观。重视校园人文环境教育,罗甸县第一中学走在前列,在行思楼右侧做了"长城文化墙",对学生有潜移默化的作用。

研读美文,审视历史,不同时代作家对他们所生活的社会,通过洞察之后溢于笔端,那些抖动的文字正是当时社会生活的反映,是社会现实的一个缩影。语文教学不只是传授知识,要挖掘其蕴含育人的因素。文以载道,课堂教学不要忽略对学生进行社会主义核心价值观教育,牢记先教学生会做人,再教学生会做事,然后再教其学会知识。

社会主义核心价值观里的内容是相辅相成的,人做事讲诚信,言谈举止文明,人与人之间友善,那么就可构建和谐的社会;有了法治,讲民主,人身才得以自由、平等,社会得以公正;当人们敬岗爱业,热爱祖国,为国家奋斗、贡献,国家就变得富强。

文以载道,道之所存,传承千古。社会主义核心价值观教育,也是传承、弘扬中华传统美德。既然是传统的东西,我们就有义务将其传承百世,常抓不懈。要让社会主义核心价值观的内容在国人的心里根深蒂固。让少年儿童在幼小心灵领悟"与人善言,暖于布帛;伤人之言,深于矛戟(荀况)";"民主制度,天下之公理。"(梁启超);"l人人相亲,人人平等,天下为公,是谓大同。"(康有为);"亲善产生幸福,文明带来和谐"使中国学生融入社会后能自豪地说:"中国富强,有我!"我们教师借文传道,作为师者将无愧于心,无愧于育人的事业。

参考文献:

1.《社会主义核心价值观研究》田海舰 河北大学出版社

2.《论社会主义核心价值观"三进"的常态系统建构》刘新庚 曾永车 刘峥 2016.8

将社会主义核心价值观融入高中语文教学

作者: 涂正洁

摘要: 高中教育不仅仅重视知识教育,同时更注重社会主义核心价值观的引领。在高中语文教学中,教师可以融入社会主义核心价值观,提高学生的人文社会感知能力,为社会培养更多具有较高道德素养的人才。

关键词: 高中语文;社会主义核心价值观;学科教学

信息化的时代,信息传播迅速,新时期的高中生作为网上成长起来的新一代,在这个年龄阶段,学生们在个人认知、情感、心理等方面存在各种各样的新问题。他们追求个性,强调自我主动性,因此,要在高中语文教学中融入社会主义核心价值观,必须从学生的需求和想法入手,引发学生共鸣,达到润物细无声的教育成效。高中语文社会主义核心价值观教育的内容要立足于学生的发展需求,从学生的实际出发,从而有针对性地确定教育内容。

一、高中语文在核心价值观教育方面的缺失

1.社会主义核心价值观引领作用淡化

在新媒体时代开展高中语文教育工作,必须充分发挥社会主义核心价值观的引领作用。随着经济社会的快速发展,各种社会思潮不断涌现,对于高中生的思想造成了一定冲击。基于此,在新媒体时代,高中语文教育工作要抢占高地,充分发挥社会主义核心价值观的引领作用,提升总体教学效果效能。

2.对学生缺乏个体关注

随着经济社会的快速发展,学生的生活水平快速提升,在多种社会思潮的影响下,学生的个体意识越来越强,很多学生对于传统的社会主义核心价值观教育存在抵触情绪。教师在开展教育过程中,需要针对学生采取个体性的教学策略,有的老师对于学生的具体问题没有给予充分的关注,这种"一刀切"式的教育模

式,不利于教学水平的提升。

3.教育内容缺乏时代感

很多教师在开展社会主义核心价值观教学过程中,固守传统教学思维和理念,忽视了时代带给社会的变化,带给学生的变化。在互联网发展大浪潮下,很多传统的教育方式已经不适合当今社会的发展,通过课堂教学的方式硬塞给学生,既无法起到教育的作用,同时也是对学生本身的忽视,在"生本理念"指引下,如何让社会主义核心价值观教育内容契合时代发展脉络,让知识更加"接地气",是现代教师应该深入思考的问题。

4.多元教育思想没有落实到位

现代高中语文教学理念最大的特点就是多元化,在开展教学的时候,很多教师无法接受学生的多元化思想,对学生划定统一标准。随着社会不断开放,多种社会思想已经被广泛接受,只要在社会主义核心价值观引领下,个人的理性选择都应该得到尊重,但是很多教师在开展教学过程中,还在固守传统的统一标准,对于学生个性解放存在一定不利影响。

二、将社会主义核心价值观融入高中语文教学的策略

1.创新社会主义核心价值观传播形式

多元文化与互联网的迅速发展,一方面方便我们的生活,另一方面,弊端丛生,侵蚀社会公众和高中学生的精神、心理世界,这是毋庸置疑的。当代高中生是网上成长起来的一代人,他们接受很多新思想、新观点,追求个性发展,但自我把控能力弱,容易出现一些不合理的思想意识。在社会主义价值观念体系中,核心价值观理应处于灵魂统帅地位,这是根本点。学生在学习的过程中需要教师的引导,如学生在学习毛泽东《沁园春·长沙》时,教师 在讲授"万类霜天竞自由"时,可以渗入社会核心价值观中的"富强、民主、自由、平等、公正"的理念。万物皆平等,生存与同一个社会,可以自由成长。毛泽东胸怀天下,他希望可以创造一个"万类竞自由,生机勃勃的世界"。高中语文教学过程,就是需要以社会主义核心价值观为导向,推进社会主义核心价值观入课堂、入教材、入生活,将其精髓贯穿到高中语文教学的方方面面,从精神世界塑造学生意识。

2.做好高中语文教学评价工作

教师如何看待学生的学习效果,是创新教学的关键,对于这种情况,在高中

语文教学中融入社会主义核心价值观内容,教师不能将分数作为唯一的标准,要开放自己的教学思路和教学视野,跟随现代教育发展的脚步,不断整合先进教学理念,形成自己的教学体系,满足新时期学生的需求,提升教学总体效果。联合国教科文组织提出,人类教育的四大支柱是:学会学习,学会做事,学会共处,学会生存。这与我国社会主义核心价值观中"敬业、诚信、友善"是不谋而合的。学生的职业是学习,只有认真学习,学进去的学生才会真正有所收获和感悟。与人相处若不诚信、若不友善何以立足于世?

韩愈说"师者,所以受业传道解惑也"。其实,教师除了解惑,还更应该注重学生道德的培养。高中学生普遍有一种学习误区,总认为学习文言文是为了掌握字词从而获得高分,但是文言文是文学宝库的精品典范,是中国传统文化的承载,里面彰显着古人智慧的结晶,散发着人文精神的芬芳。就像《廉颇蔺相如列传》这一篇文章中蔺相如心系国家,大肚包容,与人和善,跟廉颇握手言和,共同抵御了如狼似虎的敌人。蔺相如"宰相肚里能撑船""谈人之善,容人之过"的气度和他的爱国情怀不是比高分更有价值和更值得学生学习吗?教师要教书,更多要育人。培养一批有道德的学生,可以整体提升公民的文化素养,也有利于构建社会主义和谐社会。看似没多大联系,实质却密不可分。所以,教师应该改变自己的教学评价标准,学生才能改变自己的学习思路,优化自己的学习模式。可以这样讲,教师的教学评价,对于整个教学水平的提升都有重要意义,但是很多教师在教学过程中却容易忽视这一点。

3.转变教材认知理念,充分利用多媒体开展教学

在新课程教学改革的背景下,高中语文教师在开展教学过程中,要想有效渗透社会主义核心价值观,必须摒弃传统的"书本式"教材观念,创新教材认知理念,转变教学方式,树立"材料式"的教材观念。"材料式"教材观是一种大教材观,它包括"文本材料、电视影像材料、实物材料、教具"等,这种观念对提升教学的多元性和丰富性,为学生提供更优质的教学资料。要实现"材料式"教育,就要充分利用多媒体技术开展教学。随着现代信息技术的发展,传统教学模式不断革新,现代多媒体教学开始融入教学体系中,实现了智能化教学目标,提升教学的丰富性和层次性,实现多元化教学目标。在开展信息技术多媒体教学过程中,教师可以利用智能课件(包含图片,影像视频)等,立体化展现高中语文教学内容,并有效渗透社会主义核心价值观内容,通过多种课堂展现方式,让"材料式"教育理念落实到到课堂中,进而提高学生的学习兴趣,满足现代学生的多元化学习目标。

"材料式"教学理念通过利用信息技术多媒体教学,可以极大提升课堂教学的直观化程度,将抽象的知识转化为现实的图景,让学生能够身临其境般体会知识的乐趣,满足学生的学习目标。比如说,在讲解《别了,"不列颠尼亚"》一课的时候,就可以选取媒体记录的中国国旗升起和英国国旗降落的经典片段,提升学生的学习兴趣,让学生感知作为一名中国人应该为自己的国家的强大感到骄傲,一个民族崛起了,个人才会崛起。一个国家富强了,个人的幸福感才会提升。以此树立学生爱国意识,有效渗透社会主义核心价值观。

　　由此可见,教师教学观念的转变,无形中影响了学生的认知,丰富了学生课外知识。让学生认识到高中语文教学并不是枯燥乏味的。高中语文教学除了让学生感受文字本身的美之外,还可以通过画面、音频等来感知对文章的感悟。此外还要值得注意的是,高中语文教学也有其自身的特殊性,在开展教学过程中也要加以重视,不要本末倒置,只有通过不断淘汰、不断优化和改进教材认知观念,开展多元化教学,有效整合教学资源,实现科学教育目标。

结语:

　　经过以上论述我们可以看到,在高中语文教学中渗透社会主义核心价值观,对于提升学生的综合素养具有积极的作用,高中语文教师要不断创新教学方法,总结教学问题,让社会主义核心价值观真正融入学生的思想中。

参考文献:

　　[1]陈戈,周义.将社会主义核心价值观融入高中语文教学[J].才智,2014(20):31-31,34.

　　[2]滕晓楠.谈社会主义核心价值观在高中语文中的渗透[J].课程教育研究(新教师教学),2015(33):23-24.

　　[3]刘淑娟.社会主义核心价值观在高中语文学科中的引领研究[J].课程教育研究(新教师教学),2016(12):139.

　　[4]宋丽娟.在语文教学中渗透社会主义核心价值观——以人教版必修四《苏武传》为例[J].考试周刊,2016(88):18.

　　[5]郭瑞增.文以贯道 以文化人——高中语文社会主义核心价值观渗透教学例谈[J].试题与研究(教学论坛),2014(12):90.

浅谈语文教师如何渗透社会主义核心价值观

作者：魏佳丽

摘要：社会主义核心价值观是社会主义核心价值体系的根本内涵，能够体现社会主义核心价值体系的基本内容和特征，是核心价值体系的具体实现内容，能够体现出社会主义的优越性。所以在高中语文学科中渗透社会主义核心价值观是极其有必要的。

关键词：社会主义；核心价值观；语文教学；渗透

一、社会主义核心价值观提出的背景

任何一种价值观的提出和倡导，都与其所处时代的政治、经济、文化、社会、国际等方面都有关，与社会道德水平的滑坡和人们精神信仰上出现的迷茫甚至缺失密不可分。社会主义核心价值观的凝练和提出，既是我国社会主义建设、改革历史与现实发展的必然要求，又是应对我国正处于全面深化改革关键时期所面临的复杂形势与时代要求的需要。社会主义核心价值观的提出，是回答中国特色社会主义价值本质的需要，因为我国是社会主义的国家，但是我们走的是中国特色社会主义的道路，这和一贯所理解的社会主义是有区别的，当然也和资本主义道路是截然不同的。那么，我们应该怎样走好这条有中国特色的社会主义道路需要靠正确价值观的引导。其次，社会主义核心价值观的提出，也是塑造国民积极、健康、科学的价值观的需要。一个国家和社会的发展，不是单一看经济的发展，社会民众的素质修养是一个国家民族精神的缩影，我们在经济条件与日俱增的当下，有些人开始迷失了方向，一些过去曾经洗涤过的腐朽、落后、不健康的价值观念、生活方式和生活恶习重新泛滥。整个社会风气和社会道德出现了令人担忧的如拜金主义风气盛行，奢靡享乐主义盛行，诚信缺失，社会道德滑坡，社会浮躁，个人理性不足等乱想。最后，社会主义核心价值观的提出也是构建社会主义和谐社会的需要。改革开放近40年的发展，促使了中国的经济结构、社会结构、利益格局和人们思想观念发生了深刻的变化。这种巨大的变化,既给中国发展进步带来巨大活力,也使统筹兼顾各方面利益的任务艰巨而繁重,影响社会和谐的问题日益突出。当前,影响社会和谐的矛盾和问题,主要有:城乡、区域、经济社会发展很不平衡,政策的偏向引起较大的不满;就业、社会保障、收入分配、教育、医疗、住房、安全生产、社会治安等方面关系群众切身利益的问题比较突出,人们的生活压力、工作压力增大;民主法制不健全,社会的公平与正义亟待完善;一些社会成员诚信缺失、道德失范,社会冷漠现象突出;人与自然关系紧张,人口资源环境压力加大;腐败现象仍然严重,党和政府的公信力受损;敌对势力的渗透破坏活动日益频繁。中国共产党如果不能及时、有效地妥善解决这些问题,其中任何一个问题的诱发,都有可能危险到党的执政地位。

因此,社会主义核心价值观的凝练和提出,是对人们的担心和不满的有力回应。正如中共中央所指出的,培育和践行社会主义核心价值观,是推进中国特色社会主义伟大事业、实现中华民族伟大复兴中国梦的战略任务,对于促进人的全面发展、引领社会全面进步,对于集聚全面建成小康社会、实现中华民族伟大复兴中国梦的强大正能量,具有重要现实意义和深远历史意义。

二、语文教师该如何渗透社会主义核心价值观

1.以身作则影响学生

教师作为学生在成长路上的示范者,其一言一行都可能成为学生价值观及行为的导向,那么,语文老师想要在教学中渗透社会主义核心价值观,首先就要学习社会主义核心价值体系,要知其然更要知其所以然,只有从内心深处真正信仰马克思主义,认知认同社会主义核心价值体系,相信科学社会主义的真理,相信职业的崇高和正义,内心真正有了信仰的力量,才能真正有效地在教学中去落实。

其次要带头践行社会主义核心价值体系,就必须把社会主义核心价值体系贯穿到自己的日常行为和教学工作中,体现到个人的日常生活中。要以身作则,严格要求自己,做到率先垂范。比如:升旗仪式时庄严肃穆,在课堂上耐心细心关注每个学生的状态,修改作业认真严谨,发现学生学习及生活中的问题是及时给予学生帮助,并与学生家长反馈在校情况。总之,教师应该满怀爱心,以身作则影响教育学生。

2.用体现社会主义核心价值观的素材感染学生

语文教学最大的资源是语文课本，如何让课本内容更能体现社会主义核心价值，就需要去挖掘、去整合课本资源。24字社会主义核心价值观是富强、民主、文明、和谐，自由、平等、公正、法治，爱国、敬业、诚信、友善，给了我们很好的指导作用。就以高中语文教材为例，可以挖掘整合出以下课本素材：

　　(1)爱国。爱国是一个国家公民的所必需的情怀，我们中华儿女应该怀有民族自尊心，自豪感，热爱我们的祖国，语文课本中能够体现爱国情怀的课文有很多，比如高一年级第二单元的课文《烛之武退秦师》《荆轲刺秦王》，这就是一组很好的爱国主义教育的素材，教师可以从烛之武退秦师及荆轲刺秦的原因——爱国心入手，以人物身上闪耀的爱国心带给我们的灵魂触动为带入点自然的渗透爱国情怀。

　　(2)敬业。敬业是每个社会公民都应该有的基本素养，社会的发展归根结底靠的还是人，教师平时敬业精神就是渗透此价值观最有效的方法，教师在此方面的教育非常重要，在具体文章的解读中让学生体会到敬业精神的可贵及重要性。比如《记梁任公先生的一次演讲》《奥斯维辛没有什么新闻》等篇目。

　　(3)诚信。诚信是一个道德范畴，是公民的第二个"身份证"。高中语文选修《先秦诸子百家》中就有很多关于诚信的话题，我们可以通过往哲先贤的经典名句再联系具体生活实际，来体会诚信对一个人甚至对社会的重要性。

　　(4)友善。友善是公民优秀的个人品质，是构建和谐人际关系和社会关系的道德纽带，更是维护健康良好社会秩序的伦理基础。高中语文课本中也有一些经典的篇目，如《廉颇蔺相如列传》中廉颇通过自己的友善，感化对自己有嫌隙的廉颇，最后二人共同协力为国效力效忠，将自己的价值发挥的更好。

　　其实，语文课本中还有很多能够体现社会主义核心价值观的素材，比如忠、孝、仁、义、礼、智、信等等，这些都是我们需要具备的品质。

　　3.在教学活动中渗透社会主义核心价值观。

　　语文是一门人文学科，在阅读鉴赏和表达交流的教学活动中潜移默化地进行社会主义核心价值体系教育。在全面提高学生听说读写语言能力和思维能力的同时，结合语文学科的特点，通过丰富多彩的教学活动让社会主义核心价值体系教育飞扬起来。

　　(1)进行诵读经典活动和汉字听写、诗词大赛。语文课堂应该是多样精彩的,教师积极开展经典诵读和汉字书写及诗词比赛,在丰富语文课堂培养学生听说读写能力的同时,让学生在熟记经典名句的同时,深层次的体会在作家及作品中体现出的积极向上的价值观,通过汉字听写,感受祖先造字的智慧,产生民族自豪感,真正体味我们华夏五千年悠久的文化魅力,从而培养积极人的生态度、崇高的思想境界和高尚的道德情操。

(2)通过语文阅读教学活动,体悟和感受社会主义核心价值观。结合课本整合类似素材组织学生阅读,在阅读教学中把关于富强、民主、文明、和谐的思想内容和自由、平等、公正、法治的精神以及爱国、敬业、诚信、友善的高尚情操,把社会主义核心价值观巧妙地渗透到语文课堂教学中。在人物教学传记阅读中,体会作者的人格魅力和他所要传达的精神品质,在诗歌阅读中,感受文人思想,感受家国情怀,渗透社会主义核心价值观。

(3)在作文写作训练中,引领学生践行社会主义核心价值观。写作是反映学生情感态度的方式,教师在课堂教学中应多让学生写,通过写来表达自己的观点,人生态度。教师也要有意识的引导学生,在写作中体现积极向上的能够突显社会主义核心价值观的文章。

(4)开展语文实践活动中,做社会主义核心价值的践行者。"读万卷书,不如行万里路"。语文学科是一门多样性的学科,语文教师在教学过程中,应该积极主动的提高自己的思想,开展丰富多彩的活动,让学生在参与的过程中更深层次的体会社会主义核心价值观。

三、结语

"百年大计,教育为本。教育大计,教师为本"。面对世界政治、经济、文化格局变化的新形势,价值观较量的新态势,高中语文教师必须积极践行社会主义核心价值观,这对于巩固马克思主义在意识形态领域的指导地位、巩固全党全国人民团结奋斗的共同思想基础,对于促进人的全面发展、引领社会全面进步,对于集聚全面建成小康社会、实现中华民族伟大复兴中国梦的强大正能量,具有重要现实意义和深远历史意义。

参考文献:

1.习近平.青年要自觉践行社会主义核心价值观——在北京大学师生座谈会上的讲话[N].人民日报,2014-05-05(2).

培塑青年学生社会主义核心价值观途径探究

作者: 金光燕

摘 要:青年学生的成长之路是文化培育、品性塑造的灵魂工程,必须坚持用社会主义核心价值体系来引领指导。社会主义核心价值观如何内化为青年学生的价值认同,外化为行为习惯,需要在培育塑造时准确把握时代特色;准确把握社会主义核心价值观与青年学生利益契合点;将核心价值观教育和青年学生学习工作生活无缝对接,融入全程。

关键词:社会主义核心价值观;青年学生;成长成才

学校是培育青年学子的重要阵地,担负着树人育人,传授知识的重要任务,在教学育人中必须始终坚持将知识传授和价值观培育相结合、相统一,遵循青年学生思想行为发展的内在逻辑和规律,做到循序渐进、知行合一,形成系统工程,打造完整育人体系。努力创新构建开放性课堂教学、增加青年学生社会实践的广度和深度、聚力打造主题校园文化、应用网络等现代化手段建构多位一体的信息化教育实践平台,引导青年学生积极践行社会主义核心价值观,激发青年学生青春阳光的创造力,促进青年学生健康成长,全面发展。

一、时代青年的培育塑造要准确把握时代特色

只有体现时代性,才能突出针对性。青年学生是建设社会主义的生力军、接班人,担负着实现中国梦,实现民族复习的伟大使命,他们的成长和发展带有强烈的时代烙印,他们的理想和追求响应了时代的呼唤。

互联网及信息技术迅猛发展造就"微时代",微信、微博、微广播……相关衍生的互联网产品层出不穷。"微时代"已经成为社会主义核心价值观教育新的时代语境。

青年学生身体和心理正处在迅速成长,世界观、人生观、价值观正逐步形成的关键时期。青年学生身体各项机能成长迅速,智能提升,观察力、记忆力、理解力、想象力随着认知不断增强显著提高,同时对未知领域的求知欲越来越强,感情趋于丰富,兴趣爱好广泛,自我意识和独立意识不断增强,思想意识不断趋于成熟,但是他们刚好处在交错发展时期,对是非和对错的辨别力还比较低。

随着社会的快速发展,青年学生的价值认知也呈现出新的特点:价值取向日趋多元化、价值主体性与自我意识不断增强,在追求物质改善的同时,也开始不断注重精神价值的追求,社会责任感增强,创新与进取精神呈现增长的态势,但"成长"中也存在价值迷惑。互联网海量的信息冲击,同样"微时代"的巨大影响力也给青少年发展带来了很多的问题,面对纷繁复杂的网络信息,他们在信息选择,价值选择中不知所措。由于缺乏核心价值观的引领与指导,导致价值观错位和扭曲,导致理想信念缺失、道德责任淡化。"微时代"节目及信息低俗化、娱乐化越来越严重,娱乐至死的倾向日趋明显,青年正确的价值追寻变得苍白无力。

不断加强和改进青年学生社会主义核心价值观教育要坚持因势利导、顺势而为,把"微时代"的时代发展特点看作契机,将教育与信息时代发展对接,以科学、合理的举措不断推进。要持续更新教育观念,提高思想认识,突出信息化、科学化、人本化;改进课程设置,提升媒介素养,创新教学内容形式;高度重视舆论导向,坚决和舆论失衡斗争,牢牢把握舆论主动权,优化青年学生教育环境。"微时代"信息爆炸,资源共享程度高,信息传播进入"零"门槛时代,海量信息,娱乐至死,鱼龙混杂。

二、找准社会主义核心价值观与青年学生自身利益的结合点

用社会主义核心价值观引领青年学生成长成才,是学校意识形态教育的重要内容,实践发现,由于教育方法的陈旧,不符合当代学生"口味",意识形态教育由于方法单一枯燥导致学生大多有排斥心理,把教育的内容看作空洞的原理,与自己的生活并不相关,学习仅仅是单纯应付考试的思想。再科学正确的理论,如果不能落地,指导实践,就显得毫无意义。培育社会主义核心价值观的关键也正在于此,要让理论深入青年学生的生活,让他们感受到遵循社会主义核心价值观对自己的成长和发展的巨大"红利",获得情感认同、让他们接受它并坚定不移的

遵循它。

在生活中,部分青年学生在社会主义核心价值观实际践行时却出现了言行不一的现象,近期曝光的青年学生考试作弊、伪造证件骗取助学金,对弱势群体缺乏同情心,冷嘲热讽等现象正是反映出当代青年学生对社会主义核心价值观的认同及践行没有收到实效。社会主义核心价值观是崇高的价值理念,当代青年学生应将"理论精神"和"实践精神"结合起来,将"意识"和"意志"结合起来,主动作为将"知"和"行"深刻践行。

找准社会主义核心价值观与青年学生利益的结合点。围绕青年学生关注的热点、难点问题,教育教学机构应该不断探索方法路子进行价值引导,帮助他们树立正确的价值导向。比如,"诚信"是社会主义核心价值观中的重要内容,在实践教学生活中就必须要树好导向,让诚信者获利得到尊重,让失信者为自己的失信行为付出代价,要创新方式手段立足法律道德为依靠,做好价值引导。"爱国"同样也是社会主义核心价值观中的重要内容,那么什么是真正的爱国呢?近期"港独"青年学生的所作所为,就是我们很好的对照学习教材,结合具体事实让学生理清思想困惑,搞清楚什么才是真正的爱国,让青年学生懂得爱国不是蛮干,更不是喊在嘴边空洞的口号,爱国是理智的,是在大是大非面前坚持自己的立场,不做有损国家利益和人民利益的事,化爱国之情为报国之行。

三、将社会主义核心价值观融入学校生活的全过程

校园生活是一个青年学生成长成才的关键时期和关键环节,必须要做好教育引导。首先,要将社会主义核心价值观贯穿思想政治理论培养塑造的全过程,通过思想政治教育课程,讲清讲透中国特色社会主义基本常识,马克思主义基本原理,让学生真正接受,乐于吸收,产生兴趣,把理论内化于心,外化于行,做到行动自觉。其次,创新方式方法,将社会主义核心价值观内容和校园文化设置和建设相结合,通过大力开展评选校园之星、道德之星等校园文化活动,树立学生典型大力宣传,引导青年学生严以修身,严于律己。当前意识形态斗争加剧,网络信息呈现"无归责"状态,不法分子在网上散布不负责任的信息和言论,部分青年学生在网络世界受到负面信息的影响后,不具辨识能力,思想意思可能产生动摇,因此必须大力加强社会主义核心价值在网络的宣传力度,抢占舆论高地,通

过开设社会主义核心价值观专题栏目、专题讲座,并宣传践行社会主义核心价值观的典型人物及其感人事迹,让正能量占领网络世界,获得舆论主导权。

　　社会主义核心价值观主要内容都来源于国家和人民的现实需求,在我国的政治纲领和公民道德规范中都不同程度的体现。"富强、民主、文明、和谐"是我国基本纲领中的奋斗目标,"自由、平等、公正、法治"来自于十七大报告所提出的公民意识教育,"爱国、敬业、诚信、友善"选取了我国公民道德规范中的基本内容,这24个字都来自于我国建设中国特色社会主义的伟大事业中。因此,理解社会主义核心价值观要立足实际,从中国改革和建设的实际需要上去理解。积极改进教育方式,破除形式主义。实践表明,任何形式的宣传教育中,越是贴近受众生活,贴近生活实际,就越容易被接受理解,而政治色彩浓厚的空洞说教、照本宣科,就越被排斥,这就要求施教者在教育方法上要贴合时代,更创新、更简洁、更亲民、更生动。复旦大学教授张维为曾说在中国老百姓中存在"一出国,就爱国"的现象,因为老百姓在对比中更能感受到国家的富强,所以我们应该大力提倡研究性教学,鼓励学生加入到教学过程中来。除此之外,还要尽可能的采取实践教学的方式,将理论和实践无缝对接,加强对现实问题的分析与研究,在课堂外,通过志愿服务、重走长征路等信仰活动不断强化教育效果。我们坚信,一次成功的实践教育,效果远远高于课堂漫灌。

参考文献:

　　[1] 赵晖.用社会主义核心价值观引领青年成长成才.党史博采理论,2017年7月25日.

　　[2] 陈传林.试论高校思想政治教育的时代性、规律性和创造性.福建医科大学学报,2004年12月25日.

　　[3] 陈锡喜.关于社会主义核心价值观教育贯穿高校思想政治理论课教学过程的思考[J].思想理论教育,2015年第6期.

　　[4]毛俊."微时代"青年学生社会主义核心价值观教育,江苏高教2015

高中语文诗词教学中培育社会主义核心价值观初探

作者: 杨远志

摘 要:渗透社会主义核心价值观,在高中语文学科中具有重要的实际意义和可操作性。一般的价值观渗透,更多着力于课堂的生硬讲解,条款的宣读,但是在高中语文科中渗透社会主义核心价值观,可根据教材内容和教材体裁分类进行。本文主要讨论从诗词这一载体渗透的方法,需要抓住四环节,有机渗透社会主义核心价值观。四环节包括作者介绍,背景介绍,情感、内容、手法分析,诗词文化知识学习。在四环节中自然合理、有机渗透社会主义核心价值观,进而提高学生的思想道德修养,使之成为合格的社会主义事业接班人。

关键词:社会主义核心价值观;价值观教育;高中语文诗词教学四环节。

"高中语文课程应进一步提高学生语文素养,使学生具有较强的语文应用能力和一定的语文审美能力、探究能力形成良好的道德思想素质和科学文化素质,为终生学习和有个性的发展奠定基础。"[1]可见,高中语文课程不仅影响知识的传承与文化的发展,而且影响青少年健康发展,影响民族的未来发展。在高中语文课程中培育社会主义核心价值观——富强、民主、文明、和谐,自由、平等、公正、法治,爱国、敬业、诚信、友善更为必要。价值观正确了,才能更好成为高一级学校的合格人选,才能为社会主义事业奋斗。这直接关系到我国青少年的健康成长,更关系着祖国的前途和未来。

高中语文课程中渗透社会主义核心价值观,最好结合教材进行。教学中,又可根据课文体裁有机渗透。人教版高中语文教材中,除了现代文、文言文外,还有诗词作品,并且诗词占了较大篇幅。经统计,人教版必修1——5五册教材,诗词共26首,其中古体诗词23首,现代诗词3首,成为语文学科渗透社会主义核心价值观重要基地。

一、高中语文诗词教学渗透社会主义核心价值观的必要性

在诗词作品教学中培育学生社会主义核心价值观,不仅是语文教育的需要,更是社会的需要。高中教材诗词,是中华民族文化中的瑰宝,经历过时间的淘洗、历史的检验,具有很高的艺术性和深刻的思想性。而社会主义核心价值观又是在继承和发扬了中华民族优秀文化同时,提炼和补充的公民思想道德精髓,是一直贯穿中华民族精神脊梁的道德要求,是让中华民族生生不息的精神源泉和动力。这样,高中诗词教学自然而然从一个方面承担起社会主义核心价值观责任。诗词讲学,不仅是知识教育,更是人文教育,即:在知识文化教育、能力训练的同时,培良青少年对祖国文化的正面深厚的情感、对社会历史人生正确的价值观,培养他们发现美、感受美、欣赏美的情感趋向。要完成这些教育目标,需要抓住诗词教学有利环节,有效进行社会主义核心价值观教育。

二、诗词教学中渗透社会主义核心价值观方法

一般来说,诗词教学包括以下几个环节:导入、作者介绍、背景介绍、朗读、内容分析、技巧讲解、情感解读、美感赏析。这些环节,是一首诗词教学的大概环节,除导入环节不变外,其余环节可以根据教学情况倒换、增减、灵活实施。这就可以在这些环节中,机动灵活渗透社会主义核心价值观,使学生在潜移默化中得到思想道德教育,使学生情感得以丰厚、思想境界得以提升。诗词教学中,一般可以重点从以下四环节中抓住机会渗透社会主义核心价值观。

1.在作者介绍中有机渗透社会主义核心价值观

作者介绍是赏识诗歌的方法——"知人论世"步骤之一。了解作者生活时代,作家作品内容、风格及情感主基调,更容易理解作品抒发的情感。每一个作家,都有其特别的经历,教师要善于从这些经历中,挖掘出社会主义核心价值观渗透点,有机渗透。

比如在介绍屈原时,可适时穿插其"怀王疏而襄王逐"经历,讲解其自投汨罗的悲壮之举,进而引出其国家的灭亡时其内心深处的痛苦。他被疏远被流放,依然心怀祖国,只有强烈爱国之心的待人,才能做到。通过这些介绍有机渗透社会主义核心价值观的"爱国"。使学生在感受屈原伟大形象同时,得到正面积极的情感教育。

又如在介绍苏轼时,可介绍其任杭州知府时筑河堤,被贬黄州时开设弃婴救助站的事情,以让学生学习其身上敬业精神。

作者介绍,是社会主义核心价值观渗透的一个良好机会,教师要抓住机会,但不宜喧宾夺主,不因渗透社会主义核心价值观而忽略文本学习。

2.在社会背景介绍中有机渗透社会主义核心价值观

一般来说,诗词作品的写作、鉴赏,都离不开作者特定的经历,所处的特定时代。所以,有的诗词作品,要想理解得更为透彻、深入,需要了解写作背景,即"知人论世"之"世"。社会背景,是作者生发情感的一个原因。同一作者,在不同的社会背景下,会产生不同的情感,激发出不同的思想;不同的作者,在同一个背景中,也可能会产生相同的情思。安定和谐的社会,动荡不安的时局,压抑严酷的统治,清正开明的政治,都是他们情感的生发点。

而背景介绍又是可以渗透社会主义核心价值观的一个重要途径。

比如,在介绍陶渊明时,为了理解人物在诗歌中抒发的厌恶官场、向往田园的情感,理解其辞官归隐举动,需要介绍其所生活的东晋时代。那时,军阀混战、战乱频发,朝权旁落,政治黑暗,社会动荡,国无宁日,民不聊生。这,促成陶渊明一类清正高洁者的隐居之举。从这样的介绍中引出国家的局势,对个人命运的影响,进而引申出:国家的和谐、富强,对于百姓生活安静、精神的自由来说,必不可少,且极为重要。实际渗透了"富强"、"和谐"的社会主义核心价值观。让学生明白并坚信,只有富强、和谐的国家,才能带来生活的安宁。生活在一个这样的国家,是其荣幸;投入到这样一个国家的建设中,也应是其人生一大目标。

比如在学习李清照的《声声慢》时,会介绍到其国亡、家破、夫死的社会背景及个人家庭状况,这有利于渗透"富强"、"和谐"、"自由"的价值观。让学生明白一个国家的安定和谐对一个百姓来说,极为重要,对其人生命运举足轻重。

3.从诗词手法分析、情感解读中渗透

诗歌,重要的是情感分析、手法分析。而这部分也是渗透社会主义核心价值观机会最多的环节。

比如,分析到壮志未酬时,可以渗透"爱国"、"公正"社会主义核心价值观;分析到战争祸乱时,可渗透"文明"、"和谐"、"爱国"社会主义核心价值观;分析到漂泊异乡时,可渗透"自由""平等"的社会主义核心价值观。

每一篇的情感分析,不一定都可以渗透社会主义核心价值观,但大多数可以渗透。但渗透时,应自然引出,不宜刻意,不宜牵强。

从理解诗人情感,到培养学生情感和价值观,这是一个顺理成章的事。在其中,潜移默化,让学生形成正确的社会主义核心价值观。

4.诗词文化学习传承中渗透社会主义核心价值观

诗词教学,除了以上三环节可渗透之外,介绍学习诗词知识、传承诗词文化,也是极好的渗透机会。这个环节更是潜移默化的环节。

爱诗词,爱读写诗词,可以理解是对中华传统文化的喜爱,也可以理解为对国家热爱的一种情感表达。唐诗宋词是南方音乐与文字的结合,而元曲是北方音乐与文字的结合。这从一个侧面反映出当时社会文化融合、民族团结。这也可以渗透"平等"、"和谐"的社会主义核心价值观。元曲中的多数曲子,又表现出汉民族人民对元统治者的不满,这可渗透"平等"、"公正"、"法治"的社会主义核心价值观。教学生写诗填词,感受音韵之美,格律之美。无形中爱上诗词,爱上中华文化,也是爱国教育一种方式,也是渗透社会主义核心价值观一个有利机会。

三、结语

总之,诗词教学,不仅是语文知识文化的教育,也是人文修养的教育,更是语文学科渗透社会主义核心价值观的一大基地。语文教育讲究的是潜移默化、润物无声,让学生在学习欣赏诗词中,体味诗词优美意境,丰富内心体验,提升精神境界,便是语文教育的成功。语文教育也只有寻找一切机会,抓住关键环节,才能自然合理、恰当地渗透社会主义核心价值观。

在渗透中,也切忌为了渗透而渗透,将诗词课上成政治思想课。应让学生在欣赏优美诗词文化中,自然的得到正确价值观的培育。

教无定法,对于诗词中渗透社会主义核心价值观,需作更为深入、细致的研究。

参考文献:

1.《高中语文新课程标准》

66

法制教育引进高中语文课堂的思考

作者: 林家亮

摘 要: 邓小平提出:"法制教育要从娃娃抓起"。如今的法制教育也日渐在学生的思想教育中占据越来越重要的作用,对于高中生而言,法制教育对于他的成长非常关键,什么法制教育? 他们感到十分困惑。在教学中,本文就高中语文教学中如何渗透法制教育进行探讨和思考。

关键词: 语文课堂;法制教育;社会主义核心价值观思考

作为一名教师,教书育人是宗旨,学习必备的法律知识也必不可少。所以说在学校不仅要教会他们科学文化知识,更要把他们培育成遵纪守法的好公民,使他们在社会中能够辨别是非,免受欺诈,树立良好的学生形象。与其他阶段教师不同的是高中教育面对的是一群十五六岁的青少年学生,他们的法制意识淡薄,不经正确的引导很容易走上违法犯罪的道路,因此加强法制宣传教育是当代教育的重中之重。

在日常的工作中,发现学生中出现的不良问题不断增加:如"乱闯红灯、不走斑马线""早恋"、"飙车追逐打闹""网瘾"、"酗酒抽烟"、"交友不慎"、"意气用事"等,由此引发的后果令人不堪设想。这促使笔者思虑,频频出现这种现象的原因是为甚?

据笔者的观察和了解可知,社会因素在这其中扮演主角。目前中国的经济的高速发展时期,影视和网络由原先的教化作用逐渐化为娱乐体系,因而各种不良文化思潮大爆发,涌出了许多新型的问题,让人猝不及防。由于所处的生存环境不同,或许有的学生从小学阶段的价值观念都开始出现混乱现象,未成年人由于自身心理不够成熟,缺乏各种辨别是非的能力和生活经验,表现出了不少违法乱纪行为。因而对学生加强法制教育是很有必要。

孩子是一个民族的未来和希望，"少年智则国智，少年强则国强，少年健康则国健康，少年学懂则国懂法"。教育的核心是孩子，教育好孩子，避免他们误入歧途，则责无旁贷。如何全面贯彻法制教育，已经成为当代教育研究的一大新型课题，归根结底得依托于学校教育。当前我校学生法律常识的现状：法律素养薄弱、自律意识不强、自我保护意识淡薄，而作为人文教育功能的语文学科，怎样做到让他们真正懂法、守法，用法律武器保护自己的合法权益呢？如何将法制教育带入语文课堂？笔者谈谈浅薄的建议：

一、立足教材，联系实际，竭力挖掘法律知识

在几年的教学实践中，我总结了，高中语文课文中至少有二十多篇课文涉及一些法制常识，如《婚姻法》《劳动法》《环境保护法》《物权法》《未成年人保护法》等，于是笔者开始尝试让学生找出事件，联系实际分析缘由，看看是否涉及法律知识。

鲁迅先生的《祝福》是写得非常成功的一部小说，小说主要讲述了一位勤劳善良、吃苦耐劳的女性走向人生覆灭的全过程。祥林嫂悲剧命运的造成，是多种原因交织的产物。在当时残酷的旧制度下，一位善良、朴实的劳动妇女的婚姻被当做买卖，毫无人权，任人摆布，她实在无法忍受，竭力的逃脱，这是妇女的抗争。在这一瞬间，激起了学生们的强烈不满，于是同桌开始讨论。笔者用多媒体演示了网上披露的"中国男子去越南卖新娘"事件，要求他们讨论"如果有一天你被人欺骗，卖给别人怎么办？如何避免"、"发现被骗，如何向法律机关求救？"、"怎样通过法律途径保护自身的合法权益"等有现实针对性的话题，孩子们的求知欲望被激发起来。课后大家借助于网络，查找维权知识，逐步意识到只有用法律的武器维护自身合法权益的。

在高一必修2学习《卫风.氓》一文中，我提问："文中女子婚姻悲剧的根源是什么？"同学们很感兴趣，展开热烈的讨论，大多数同学都认为这个女子在思想上不够成熟，被"氓"的花言巧语蒙骗，丧失了理性判断能力。抓住这个契机，笔者来点小幽默，青少年处于成长阶段，心智不成熟，缺少关爱、理解，感情胜过理智，就非常容易陷入"温柔的陷阱"哦，一不小心就成为早恋的对象。同学们有的低头不语，有的窃窃私语，有的笑而不答，笔者觉得这里面有端倪，但也没有真凭实据，只能一言以蔽之。而学生一旦陷入早恋，最直接的影响是无心学业，导致学

习成绩严重下滑,被学校处分给班集体带来负面的影响。与此同时,在心理上也会受到家长的责备和其他人的议论,疏远与同学、家长的关系,是老师的重点关注对象,久而久之,他们的思想上会产生负担,而心理、性格都将发生突变,独自吃下早恋酿成的苦果。人们常说,早恋似"苦涩的青苹果",告诫学生不要轻易品尝。

高中阶段类似的课文不在少数,像《小狗包弟》中巴金提出的建立和谐社会,倡导自由、民主、敢于自我解剖、自我反省等进步思想,还有《孔雀东南飞》中焦仲卿母严重违背《婚姻法》和《妇女儿童权益保护法》的行为等,孩子们在学习课文的同时也会一一领略。而我在思考,在教学中结合实际,竭力挖掘文本里面涉及到的法制教育因素,适时渗透于语文课堂教学之中,希望学生在接受知识的同时也受到法制教育。

二、搜集网络热点信息,提升学生的法律意识

在教学中,笔者除了借助教材篇目向学生教授法律知识外,还针对当前网络中的出现热点事件,结合实际,适时的引发学生思考、议论、分析、总结,借此来提高学生的思想认识,从而规范学生的法制行为。

笔者向学生大力推荐深受观众喜爱的有关法制栏目,如《法制播报》《行为与法》《今日说法》《焦点访谈》等等,习惯性的在网络中搜寻一些为农民工讨薪事件、为社区做义工、普及法律常识的热门话题。同时笔者也精选了日常生活中的热点事件,以此为切入点,积极引导学生深入思考,对该事件谈谈的看法,观察周围人的做法,进行对比分析,从而促使同学们能明辨是非,达到增强法律意识的目的,教导他们做遵法守法的的好学生。

近几年的新闻热点事件,例如天津的"彭宇案"、浙江"公交车让座事件",学生们对此展开激烈议论。大家的矛头都是指向国民的道德素质,却忘了从法律角度思考,怎样避免和制止此类事件的再次发生。我校邀请了罗甸县公安局法制科科长廖宇同志给我校学生做了专题的讲座。让学生了解《道路交通安全法》,并引领大家学习《大中城市中心城区内的道路通行规定》和《行人和乘车人通行规定》。从目前的情况看,学生安全事故中,大多数是交通安全事故。只有学生的交通安全知识增多了,自然安全事故也会相应的减少,学生的安全也会得到有力的保障。

三、开展"文明法制人"语文主题活动

生活中会出现面形形色色的现象和问题,个人认为,法制教育的目的其实就是为了让人们遵法、守法,做文明市民,当然作为教育的主阵地——学校,更应该首当其冲,落实贯彻法制,把法律真正灌输到实处,只有青少年懂法、守法了,我们国家自然一切都变得美好。

针对当前学生存在的具体问题,我校也组织了一些与相关法制教育的主题教育活动,每月进行一次法制讲堂、全校性法制竞赛、"校园法制天使大比拼"和黑板报等形式,内容涉及"飞车党,法不容情"、"红灯停,绿灯行"、"抽烟抽的是父母的血汗"、"杜绝冲动,远离管制刀具、"痴迷网络,毁我前程"等,争取让每一位学生都能清醒的意识到不良行为带来的严重危害。常言道:"由正入邪易,由邪改正难"。开展诸多主题活动的目的就是为了防患于未然。事前的"未雨绸缪"的效果要远胜事后的"亡羊补牢"。

其实我们都知道,学生主动的犯罪率很低,当然也不排出极少数个别学生抵御不了外界的诱惑,掉入不良分子设下的陷阱,而我校把法制教育引入课堂,各科任老师竭力宣传法制知识就是为防患于未然,共建和谐社会,还社会一片净土。

总之,法制教育是国家的重点打造项目,全社会都应该积极响应与配合。而法制教育进入语文课堂也是一种创新策略,任重而道远。我认为目前处于试行阶段,效果不是很明显,我们会试着探求不同的方式进行到底,把学生都教导得人人懂法、遵法、守法,做合格的好公民。当然,光靠我们学校老师单方面的讲解是远远不够的,毕竟老师涉及到的法律知识是有限的,也希望广大社会各界的大力支持,共同完成这项大业。

参考文献:

1.《祝福》中祥林嫂悲剧命运的解析

2.《如何让法制教育渗透于教学》

3.《浅谈如何将法制教育引进语文课堂》

沈从文的湘西世界与社会主义核心价值观

作者: 姚大启

摘要:少数民族文化是社会主义核心价值观的重要思想资源,在少数民族地区特别是湘西土家族苗族自治州这样的多民族杂居地区,培育和弘扬社会主义核心价值观意义深远,但也有其特殊性和复杂性。本文立足湘西民族文化的现实情况,通过分析湘西民族文化与社会主义核心价值观的契合性与冲突性,提出在湘西地区培育社会主义核心价值观的有效途径,即在对湘西民族文化的宣传学习中加深对社会主义核心价值观的理解,在对湘西民族文化的开发保护中强化对社会主义核心价值观的认同,在对湘西民族文化的创新发展中加强对社会主义核心价值观的弘扬。

关键词:沈从文;湘西世界;社会主义核心价值观;民族文化

沈从文作品中富有独特的审美意象,使其作品独具魅力,他着力表现了湘西纯朴、极具生命力、和谐而不失美丽的乡村社会,放大了湘西人民纯朴的民风民情,将健康而善良的人性展现无余,使读者欣赏到他别样的审美视角和审美理念。他的创作与水有着千丝万缕的联系,通过对水这一叙事背景刻画了乡村人民的生产生活,使水赋予了人的精神品质,他眼中的水映射了一个唯美的湘西世界,也体现了我们新时期所倡导的社会主核心价值观,这是研究他的作品的价值所在,而水则是他笔下湘西世界的纽带,使读者领略到湘西纯朴的民风。

在中国古代的文学作品中也有不少关于水意象的运用,水被象征为道德、阻隔、哀思、友谊、隐逸、人生等,还常被用于比喻为知己,情义的深浅、人心所向、雄心壮志等,儒家以"水"比德,道家以"水"拟道,孔子曾说:"智者乐水,仁者乐山。"以山水形容智者仁者,在古人眼里,"水"似德者,常以水的浑浊比拟道德的高低。

老子曾说:"上善若水,水善利万物而不争。""天下莫柔弱于水,而攻坚强者莫之能胜"将水象征了道家古朴的思想理论中的"道",而湘西这一片土地,千百年来这里的土著居民这里安居乐业,在大自然的恩赐中形成了一套与我国当下倡导的社会主义核心价值观高度契合的价值观体系,而该体系又与那一切自水中得来的哲学思辨,道德观念,家国意识等等融会贯通。

水作为沈从文生命始终的缩影,他将一切与水有关的人和事完美呈现于作品中,不仅培养了他敏锐的观察力和独特的视角,而且为他构建的湘西画卷平添了神奇的一笔,深入挖掘了湘西世界的精神本质--社会主义核心价值观。

社会主义核心价值观是一个民族的精神实质,对丰富人们的精神世界、建设民族精神家园,起着基础性、决定性作用。沈从文的湘西世界结合自身特点和发展形势,赢得发展主动机遇,很大程度上取决于核心价值观的引领。社会主义核心价值观若要在湘西地区发挥强大的价值支撑作用,离不开湘西民族文化这一深厚土壤的滋养。因此,湘西的精神实质与社会主核心价值观相互作用,从而促进社会主义核心价值观为湘西世界的发展提供理念支撑、精神动力,这既是一个重要的理论课题,也是一个复杂的实践问题。

一、湘西世界与社会主义核心价值观契合

湘西世界美丽多姿,文化底蕴浓厚。在历史发展过程中,湘西人民创造了灿烂而独具特色的民族文化,这些民族文化也是中华民族传统文化的重要组成部分,成为培育社会主义核心价值观的沃土。因此,湘西世界与社会主义核心价值观浑然天成,呈现出高度的契合性。

(一)湘西世界的价值层面

社会主义核心价值体系的精神内核是社会主义核心价值观,它是我国团结奋斗的思想基础和道德基础,是中华民族有别于其他民族的标志,具有鲜明的民族特色、理论特色、实践特色、时代特色。从价值层面来看,社会主义核心价值观既融入了中华传统文化的精华,也加入了湘西优秀的民族文化成果,成为整个中华民族的价值观支撑点,也成为湘西人民和谐共处的理论思想。这也符合了社会主义核心价值观在我国作为精神支柱的向前发展,丰富了人民的精神世界,建设了美好的精神家园。

《丈夫》中："船上人，她们把这件事也像其余地方一样称呼，这叫做'生意'。[11]"这些女子的命运是悲惨不济的，她们虽不外显悲苦，还得继续承受命运的责难。这些湘西女子住在山中，由于习惯，她们出门讨生活，赚钱养家，她们敢于牺牲自我抵抗命运，迫切希望挣脱命运的束缚，这体现了湘西人民世世代代追求富生活的朴实愿望，也符合社会主义核心价值观在国家层面的"富强"这个首要目标。

"因此有一天，我就离开那一本账簿，同那两个白脸姊弟，几个一见我就问我'诗作得怎么样'理想岳丈，四个眼睛漆黑身长苗条发辫极大的女孩印象，以及我那个可怜的母亲同姊妹走了。[12]"清晰地看到主人公对待爱情，他执着，坦诚，为人谦和、纯洁，明净，顺其自然，忠于理想，追求自由。即使被那女子欺骗他不过于悲伤，表现了他"水"样的心胸。湘西人民长期以来大杂居、小聚居，该地区的各族人民却能和睦相处，在对待恋爱的问题上，男主人公崇尚自由，以极高的道德品质，将自己的爱情悲剧悄然化解。这体现了社会主义核心价值观的"和谐"理念。

《沈从文自传集》中，沈从文曾经踏入军营生活，为国家贡献一己之力。湘西人民的爱国热情在历史上也得到了充分体现，据魏源书中记载"永顺、保靖、桑植、容美、酉阳等司与九溪卫所士官士兵，为了抗击倭寇侵略，保卫祖国东南沿海地区安全，积极应征。由土家、苗族人民组成的士兵，踊跃赴调，往往私倍于在官之数。如调兵二千，辄以六千至，调兵六千，辄以万人。[13]"湘西世界从古至今传承的是一份火热的爱国情怀，这种爱国情怀与社会主义价值观国家层面的要求高度契合。

(二)湘西世界的道德层面

德是引导人们追求至善的良师，道德是社会矛盾的调节器，道德是催人奋进的引路人。道德评价是一种巨大的社会力量和人们内在的意志力量。道德是人以"善""恶"来评价社会现象来把握现实世界的一种方式。

道德不仅调节人与人之间的关系，而且平衡人与自然之间的关系。它要求人们端正对自然的态度，调节自身的行为。然而湘西世界也有自成一派的社会主义核心价值观道德体系，这里的人们生长在水边，赋予了水的品质。身处人世的沈从文以水言志，习水塑德，于水间怡情养性，将上善若水的高尚品德作为塑造品行的最高标准，这一点在他的作品中得到完美的解答。

社会主义核心价值观和湘西民族文化都是崇尚于真善美的，都是向往公平正义、抵制歪风邪恶的，其中折射出来的道德观念既与少数民族传统美德相一致，也与湘西人民的道德理想相吻合。无论是社会主义核心价值观在社会层面要求的"自由、平等、公正、法治"，还是其在个人层面倡导的"爱国、敬业、诚信、友善"，在湘西人民的身上都有着非常充分的体现。比如，湘西地区苗族有着丰富的巫蛊文化，但是人们对于放蛊的"草鬼婆"既敬而远之又无比憎恨，甚至通过族人的集体决议对放蛊之人进行处决，这是湘西人民"害人之心不可有"的自然体现，展现了善良的本性。如《边城》中的老船夫，他无私奉献，与物无争，不为名利所驱使，善良淳朴，怀着一颗清澈见底的心，从而达到了沈从文托物言志和抒情的完美切合，使其文章呈现出纯明如水的高尚品质。人之间这种信任释放的正是诚信的光芒与友善的信号。他的性格特点是湘西人民性格特点的缩影，也是社会主义核心价值观"爱国、敬业、诚信、友善"在湘西人身上的集中体现，这些性格特点是湘西民族文化在道德层面上对社会主义核心价值观最有力的印证。这里的一切所产生的教育功能和引导功能正是培育社会主义核心价值观所希望达到的目标。

(三)湘西世界的文化层面

文化是一种社会现象，是人们长期创造形成的产物，同时又是一种历史现象，是社会历史的积淀物。湘西民族文化中的优秀成果是中华优秀传统文化的重要组成部分，也是社会主义核心价值观的重要思想资源，两者共同发展，和谐互通。比如，湘西青年男女均有恋爱的自由，并且有着非常丰富的表达形式，如"走马路与走小路"、"对歌传情、以歌结偶"等都是苗族青年男女追求婚恋自由的浪漫形式，这加强了民族融合，也体现了和谐共处的价值观理念。

如在《边城》中，故事以一条爱情悲剧作为主线贯穿始末，使文章充满压抑而沉郁的悲情，独现淳朴民风，世态悲凉，这一切赋予了水某种意义。她的形象不因悲剧而枯萎，黯然失色，反而是个光鲜的个体，成为自由恋爱的化身。在《边城》中翠翠和二老与《兼葭》中的主人公有异曲同工之妙，体现少数民族追求自由恋爱的浪漫形式,加强了各民族之间的交流,土家族、苗族的族群社会结构开始同化,文化交流和文化借用日趋频繁和普遍,形成了兼容并包的局面。比如湘西苗族的传统节日"赶秋节"、"端午节"等在政府的大力推行下,成为湘西各族人民共同的盛大节日,这些都彰显了湘西民族文化的共生性、包容性、统一性。

二、湘西世界培育社会主核心价值观的理想途径

培育社会主义核心价值观,既要做好顶层设计,也要抓好末端落实执行,只有在顶层上的基础上设计好培育社会主义核心价值观的战略思路、具体举措,在具体执行中提供刚性保障措施,真正抓好理论与实践的结合,才有可能现实社会主义核心价值观培育和弘扬的目标。

(一)宣传湘西民族文化须以社会主义核心价值观为基石

培育社会主义核心价值观并使其深入人心将是一个漫长的过程,需要全社会共同参与,应充分调动不同主体的积极性和主观能动性,合力推进社会主核心价值观的民族化。所以,大力推进社会主义核心价值观的理想途径首先要从大力宣传学习与社会主义核心价值观高度契合的湘西民族文化开始,认真领悟民族文化的精髓,努力找寻民族文化与社会主义核心价值观的契合点,从而深化社会主义核心价值观的理解与认同。其次,要充分发挥民族文化中丰富多样的艺术表现形式,落实寓教于乐的核心价值观教育,通过以少数民族人民喜闻乐见的方式潜移默化地在思想意识的领域对少数民族进行社会主义核心价值观的构建与重塑,并将社会主义核心价值观深深植根于他们的思想意识中,比如利用土家族的摆手舞、摆手歌等丰富的艺术形式,织锦、扎花、田野食品等具有少数民族特色的实物载体,以及苗族的四月八、吃新节、芦笙节、花山节、踩鼓节等丰富的民族文化资源,搭建宣传社会主义核心价值观的文化平台,将核心价值观念融入民族文化的学习宣传中,在展现民族文化的同时大力弘扬社会主义核心价值观。同时,地方政府要把培育社会主义核心价值观作为第一要务来落实,把社会主义核心价值观教育和湘西民族文化学习纳入党员干部的学习中去,组织长效性的学习活动,使其不断内化于心成为价值目标,外化于行成为价值实践,并利用其辐射作用带动更多人自觉加入与践行。党员干部和公职人员尤其要发挥模范带头作用,在工作中加深对湘西民族文化的了解,并渗透社会主义核心价值观教

育,利用工作便利进行核心价值观的传播与弘扬。地方高校和各级中小学校要发挥民族文化主阵营作用,既抓好科学文化知识和民族文化的教育,也抓好社会主义核心价值观的培育,形成社会、校园、家庭三位一体的育人体系。同时,政府在各种文娱节目中还可以植入民族文化与社会主义核心价值观高度结合的广告、新闻、电视剧、电影等,从而增加社会主核心价值观的表现形式,力争形成一派在全社会上下大力倡导社会主义核心价值观的新风尚。

（二）保护与社会主义核心价值观相契合的湘西文化

湘西世界的物质文化遗产和非物质文化遗产比较丰富,这主要是由于该地区的民族融合带来了非常丰富的民族文化资源。沈从文的作品以及相关文化部门倾注了不少力量,形成了日渐浓厚的民族文化保护机制。随着湘西州永顺老司城遗址、贵州播州海龙屯遗址等一系列民族文化遗产联合申遗成功,提高了社会各界对湘西民族文化的关注度,关于湘西民族文化的研究将会更加深入。相关部门应牢牢抓住这千载难逢的历史时机,进一步挖掘湘西民族文化中的社会主义核心价值观资源,在追溯民族文化与核心价值观"源"与"流"的关系中加强对核心价值观的认同,坚定把社会主义核心价值观作为湘西人民价值取向的落脚点和出发点。湘西民族文化中还有丰富的茶文化、服饰文化、建筑文化、音乐舞蹈文化等,这彰显着湘西传统文化的独特性,它又通过沈从文的作品、黄永玉的画卷、宋祖英的歌谣传颂到了祖国的大江南北,彰显了社会主义核心价值观丰富的精神内涵。我们应该有计划性地研究湘西民族文化,取其精华去其糟粕,在民族文化中寻找社会主义核心价值观的平衡点,使之成为各民族的共同遵循的唯一准则。

（三）湘西民族文化在创新中弘扬社会主义核心价值观

文化要保持持久的生命力,就在于不断地创新。若要社会主义核心价值观要在各民族人民的心中深深扎根,就应该继承民族文化特色,这能让各民族更好的理解和认同社会主义核心价值观体系。我们现阶段以经济建设为中心,文化建设绝对不能剥离于经济建设而独立存在,否则就会缺乏物质基础而失去平衡。因此,在大力发展民族经济的过程中也不能忽视了对社会主义核心价值观的弘扬。近些年湘西地区正在大力发展民族文化旅游,在发展特色民族经济的过程中大力弘扬社会主义核心价值观,使之逐步成为推动湘西地区发展的文化软实力与竞争力,成为新时期新的经济增长点。同时,应认真倾听和抓住人民群众的诉求和心理,引导他们树立正确的价值观念,切实在加强民族地区治理的过程中促进对社会主义核心价值观的生成。文化的发展应注重理论与实践相结合的基本原则,社会主义核心价值观要广为传颂,成为人们的共同价值遵循,必然离不开丰富多样的道德实践活动,应积极开展一系列社会主核心价值观群众文化活动,大力弘扬社会主义核心价值观体系。还可充分利用地方高校大学生暑期"三下乡"活动平台,动员学生志愿者广泛传播社会主义核心价值观,让社会主义核心价值观逐步深入每一位湘民的心中。

三、结语

故乡的美景和风土人情,一直是沈从文记忆中不可泯灭又挥之不去的记忆,以至于在城市生活多年的他总不时回望童年的故乡,他力图通过创作表现家乡纯朴,和谐,美丽的自然风光和纯朴的民风。他的作品正是在这一时期大量产生,描绘了一幅幅美妙生动的乡村画卷,勾画出一个与城市生活截然不同的唯美世界。而他的创作更是得益于他从水中学到的审美经验和对水深层意象的独到见解。湘西世界使他回归了自己的心灵世界,水不仅使他身处尘世保持着一颗澄明的心,水不仅净化了他,也净化了他的作品,使其生命和灵魂在净化中得以重生,并不断延续于后世。从他的人生经历与知识构成的关系,他的写作与水的关系,他笔下的水值得我们慎重思考何为人生,并重新定义何为神圣与高贵的价值所在,教会我们在世俗旋流中将如何保持着怎样的心态。同时湘西世界也融入这个时代所大力倡导的社会主义核心价值观。他的作品中水的意象深远,具有很高的研究价值,研究其作品中的水意象,利于我们研究他的创作技法和创作构思,发掘他的成长经历与内心思路,这些都为他的乡土文学奠定了坚实基础,我们也能从沈从文的湘西世界中感受湘西浓厚的独具特色的传统文化,湘西世界在诸多层面皆与社会主核心价值观是一脉相承,湘西文化也是我国优秀文化的重要组成部分,它不仅具有时代意义,更具有传承的价值。

参考文献:

[1]沈从文.沈从文作品集[M].北京:人民文学出版社,2006: 117.

[2]沈从文.沈从文作品集[M].北京:人民文学出版社,2006: 117.

[3]魏源.圣武记.卷十四,古微堂[M].清道光24年(1844)刻本

浅析数学教学中如何渗透社会主义价值观

作者: 罗永甸

摘 要:高中数学蕴含着丰富的德育素材,是开展社会主义核心价值观教育的重要资源,但在教材中,大部分思想教育内容并不占明显的地位,这需要教师认真钻研教材,充分发掘教材中潜在的德育因素,把德育教育贯穿于教学之中。此外,在数学教学中渗透社会主义核心价值观德育教育也要注意它的策略性,不能喧宾夺主,要提高渗透的自觉性,把握渗透的可行性,注重渗透的反复性。

关键词:高中数学;社会主义核心价值观

高中数学蕴含着丰富的德育素材,是开展社会主义核心价值观教育的重要资源,但在教材中,大部分思想教育内容并不占明显的地位,这需要我们教师认真钻研教材,充分发掘教材中潜在的德育因素,把德育教育贯穿于教学之中。此外,在数学教学中渗透社会主义核心价值观德育教育也要注意它的策略性,不能喧宾夺主,要提高渗透的自觉性,把握渗透的可行性,注重渗透的反复性。笔者相信只要在教学中,结合学生思想实际和知识的接受能力,点点滴滴,有机渗透,耳濡目染,潜移默化,以达到德育、智育的双重教育目的的。

一、深入挖掘教材,找准教学切入点

高中阶段科目繁多,课堂形式多样,只要我们思想重视,融会贯通,总是能找到德育素材,渗透社会主义核心价值观教育,实现教育与教学的融合,实现教书与育人的目标,这样的课堂才是成功的课堂,这样的教师才是合格的教师。高中数学学科教学内容蕴含着丰富的德育素材,是开展社会主义核心价值观教育的重要资源,人们注意到数学这门基础课的是运用逻辑、思辨和推演等理性思维方法讨论各种抽象的"数"和"形"的模式结构,是为学生学习数学知识、为学生今后学习其他专业知识打好基础和创造条件;是培养学生的数学素养和数学能力(如分析解决问题的能力、抽象思维与逻辑推理能力、计算能力等）；而更重要的是它还具有极大的精神道德价值，能够引起人的思想品质、观念和道德价值的深刻变革。

在数学教学中结合教学内容向学生介绍一些数学史和优秀数学家的事迹，不但可以扩大知识面，加深对数学的了解，而且还能够弘扬科学精神，增强爱国意识，坚定其学好数学。例如：向学生讲授著名数学家华罗庚先生为了国民经济的发展深入研究生产实际问题做出的巨大贡献；介绍我国数学家勇于探索世界难题为国争光的事迹；在讲极限理论时介绍我国魏晋时代刘徽首创的"割圆术"，我国古代的这一了不起的极限思想是利用圆的内接多边形面积的极限来求出圆的面积。这是中外数学史上最早运用极限思想的光辉典范。通过这些事例的介绍，让每个中学生懂得，我们的国家和民族，过去和现在在数学领域中都有过极大的贡献，让学生树立民族自尊心、自信心，培养他们的爱国主义感情，坚定学习信念，从而转化为为祖国建设事业而刻苦学习的责任感和自觉性，另一方面也可以培养学生不畏艰难，艰苦奋斗，刻苦钻研的献身精神。可以说是一举多得。这样的教学例子在数学中还很多，只要教师充分挖掘教材，是可以找到德育教育的素材的。

数学是研究客观世界中的空间形式和数量关系的科学，蕴涵着极为丰富的辩证唯物主义思想素材，教学中应注意渗透辩证唯物主义的观点。客观事物是普遍联系的，事物之间的联系具有广泛性、多样性。数学知识中最能反映这种普遍联系观点的是函数和排列组合知识。函数其实就是事物联系方式的数学模型。无论什么样的函数都是自变量与因变量联系方式的数学形式。排列组合知识最能说明事物之间联系的广泛性和多样性，在讲授这些数学概念时，从讲理论到讲例题都有意识地介绍普遍联系的观点，使学生在学习数学知识的同时接受辩证思想的熏陶。

在教学过程中，老师要不失时机地抓住机会，密切结合教材，不断地再现有关数学思想方法，逐步地加深学生对数学思想方法的认识。如在"指数函数及其性质"这一节内容中，就可以渗透很多数学思想方法。

随着课程改革的不断深入，把数学史融入数学教学的研究方兴未艾。数学是人类文化的重要组成部分。数学课程应适当反映数学的历史、应用和发展趋势，数学对推动社会发展的作用，数学的社会需求，社会发展对数学发展的推动作用，数学科学的思想体系，数学的美学价值，数学家的创新精神。

在课堂教学中加入数学史内容，让学生体验到前人数学家们在建立数学体系，解决数学问题中所走过的路。了解数学的前世今生，让数学变得有血总结。这样不但可以培养学生的各种能力，还可以培养学生团结协作的团队精神和创新探究的能力。在小组合作学习的过程中学会团结协作，学会倾听、交流、反思，增强责任感。这不仅可以激发学生的数学情感，也提升了学生对数学的认识，同时也为一部分学生将来学习高等数学做好铺垫。

数系扩充历史几乎伴随着数学发展的整个进程。同样地，从自然数到复数的认识，也伴随着学生从小学到高中学习的全过程。在学习复数这一节内容时，老师可以借此机会向学生介绍下数系扩充的历史。从零开始，每一次人们对数的重新认识都有过无数的争执，甚至牺牲。他们合法地位的取得都经历了一个漫长而曲折的过程。

让学生感受这个完整的过程，就能明白数学知识的整体性和自我生长的属性，这对提升学生的数学素养，培养提出问题的能力有莫大的帮助

二、更新教育观念，改变学习方式

教师在教学过程中，可以采取灵活多样的教学方法潜移默化的对学生进行德育教育，比如研究性学习，合作性学习等。在数学学习中，有很多规律和性质都是引导学生进行讨论，探究而归纳总结出来的。这样不但可以培养学生的各种能力，而且还可以培养他们团结合作的能力及创新探究等能力。就教学方法而言，我们可以采取小组合作学习法，这种学习法共享一个观念：学生们一起学习，既要为别人的学习负责，又要为自己的学习负责，学生在既有利于自己又有利于他人前提下进行学习。在这种情景中，学生会意识到个人目标与小组目标之间是相互依赖关系，只有在小组其他成员都成功的前提下，自己才能取得成功。还可以让他们养成严肃看待他人学习成绩的习惯，学会与人交流，享受成功的乐趣。

放慢节奏将课堂还给学生，新课程改革以来，有一个名词越来越火—自主学

习。老师们怕学生自学不到位，于是设计了一个东西叫导学案。导学案的出现初衷是好的，但在升学率、重点率的压力下，它已然失去了许多光彩。

笔者以为现在的很多导学案，更像是一个课堂表演的剧本，不过就是传统课堂的书面化。"定义—注意事项—例题—练习"是现在很多导学案的基本格式。很明显，老师通过导学案提前让学生知道"课堂表演"的内容，学生在课堂上还是逃不开当老师表演的木偶的命运。由此所谓的提升课堂效率、减轻学生负担不是显得很假吗？而且，像这样的让学生课前完成导学案，会无形中加快上课节奏，这不仅没有为学生自学学习提供帮助，反而增加了学生的负担。

造成这种结果的原因，说到底是老师放不开。怕学生走弯路，怕影响教学进度，不敢向学生问"你是怎么想的？"

学习知识有三个过程：知道、得到、悟道，前面两个过程在老师孜孜不倦地教导下学生都可以做得很好，第三个悟道的阶段老师却没有时间带学生走下去了。数学中的悟道就是数学思维的养成。

教师在教学过程中，可以采取灵活多样的教学方法潜移默化的对学生进行德育教育，比如研究性学习，合作性学习等。在数学中，有很多规律和定律如果光靠老师口头传授是起不到作用了，这时候就可以引导学生进行讨论、操作，共同思考、和使命感。在和谐、自由的气氛中快乐的学习，在民主、友善的环境里健康的成长！

三、努力探索，形成良好学习习惯

近些年来，随着市场经济的发展，商业赢利原则的普泛化对人们的思想道德和价值观念产生了巨大的影响。"诚信"意识在人们头脑中渐渐淡漠了，在我们的校园中，诚信缺失的现象也在部分学生身上屡有发生。他们上课不专心，课后作业抄袭应付；考试时采用种种手段作弊；做错事，违反纪律，不敢面对现实，隐瞒事实真相，编造谎言，拒不承认错误，盗取别人财物，拾到钱物据为己有；与人相处缺乏真诚与信任，背地造谣中伤别人，人际关系淡薄冷漠，学生们的种种恶习与日俱增。所以，笔者在教学中努力探索方法，让学生们形成一个良好的诚信学习习惯。我们经常思考这样一个问题，那些学习成绩比较优秀的学生，他们在道德发展和性格特征方面是否存在某些共同之处呢？在不同的场合多次听取了一线教师、中小学校长的意见。他们从不同的角度发表了看法和意见,这些看法和意见都殊途同归地指向同一个共同的特点"自觉性",尖子生或优秀生的学习通常具有以下几个特点:第一:制定合理的学习计划;第二:科学预习;第三:专注听课;第四:学会自己留作业;第五:及时复习;第六:从容考试。显然这些良好的行为习惯是学生取得优异成绩的保障。同样在诚信教育方面,也做了很多卓有成效的工作,如学校在每次月考中实行无人监考制度,培养了学生们的诚信意识,"千教万教教人求真,千学万学学做真人",通过开设诚信考场,实行诚信作业,潜移默化的让我们的学生真正地成为诚实守信的真人,形成了良好学习习惯。

　　总之,在数学教学中,关注学生的道德生活和人格的养成这是不容忽视的,课堂不仅是学科知识传递的殿堂,更是使人性养成的圣殿。

高中数学教学中
渗透社会主义核心价值观教育的思考

作者: 叶如连

摘要: 高中数学作为高中阶段核心课程之一,按照课改和新课标要求,将社会主义核心价值观有效渗透至课堂教学当中,是全面落实素质教育的重要环节。本文从社会主义核心价值观的伟大意义出发,通过阐述高中数学课堂教学"以人为本"、"强化学生主体地位",充分发挥教师引导作用的教学理念,明确教学中有效渗透社会主义核心价值观教育的方法和要点,并指出高中数学教学中效渗透社会核心价值观教育对于全面落实素质教育和教学目标的达成具有很好地促进作用。

关键词: 高中数学;社会主义核心价值观;教学;渗透

党的十八大提出,社会主义核心价值观就是"二十四个字",即富强、民主、文明、和谐、自由、平等、公正、法治、爱国、敬业、诚信、友善,它是社会主义核心价值体系的内核。高中阶段教育具有承上启下的关键意义,既是各学科基础知识向深度、广度的拓展阶段,又是高等教育和专业学科教育的牢固根基的关键时期。在新课改精神指导下,教育不仅仅是对人的专业知识和技能的培养,更应该是全面提升学生综合素质,通过教育手段培养学生正确的人生观和价值观,使学生明确自身社会责任感和使命感。社会主义核心价值观是社会主义核心价值体系的根本和丰富体现,也是社会主义价值体系的高度凝练和集中表达。在高中数学教学当中,结合数学学科特点,将数学学科当中所涵盖的德育思想,按照社会主义核心价值观培育要求进行展现和教育,对于全面落实素质教育以及实现德智双收的教育目标具有十分重要的意义,也是每个教师责无旁贷的工作任务。

一、挖掘高中数学德育教学资源,有针对性地开展社会主义核心价值观教育

活动

数学是一门注重逻辑思维和数学思想方法运用、讲究数与形不断变换、演化的基础课程，为学生今后学习各专业知识奠定知识结构、思维方法、分析、运算等各方面能力的基础。同时，通过数学课程的学习，还能够培养学生大局观、科学唯物主义、爱国主义、良好的品行品德以及耐心、专注、敢于挑战的习惯和精神[1]。

1.了解祖国辉煌数学历史，增强学生民族自豪感

我国是世界四大文明古国之一，在五千多年的发展历史当中，数学发展史也是其中浓墨重彩的一笔，在高中数学教学过程中，结合授课内容和其他教学活动，让学生们充分了解中国数学发展史，不但能够使其进一步了解所学知识的由来，加深知识的理解，能够深刻体会到我国几千年文明发展史以来，历朝历代数学名家的伟大之处和祖国的强大，大大增强学生民族自豪感，进一步激发爱国热情。比如，我国商代，还在使用甲骨文字时期，就已经使用一套十进制的计数法则，并且最大计数值可达到三万；在两千年前的中国秦汉时期，就出现了举世闻名的《九章算术》，其内容包含四则运算、勾股定理、线性方程、正负数运算等大量数学内容，遥遥领先于世界；祖冲之被世界纪录协会入选为世界第一位将圆周率计算至小数点后第七位的科学家，对世界文明发展做出了巨大贡献。通过对这些我国历史上知名科学家、数学家人物事迹的了解，引导学生发愤图强，树立正确的价值观，将个人价值和追求与国家、民族发展联系在一起，立志成为对国家、人民有用的人。

2.发挥数学自然科学特性，做好科学唯物主义教育

数学是研究数量、空间、变化与结构等概念与关系的一门自然科学，也是以辩证唯物主义为核心的一门学科，在高中数学教学中，应当充分引导学生学习、理解和尊重辩证唯物主义思想，学会用科学的态度和眼光分析、判断事物的能力。

（1）从高中数学教学中使学生理解和感悟客观事物普遍联系的观点。尤其是在进行函数相关内容教学时，最能够使学生真切感受到这种观点的存在。函数，归根结底就是一种事物相互联系的数学表达，不管属于哪种函数，其都是自变量与因变量按照一定规则相互联系的数学模式。学生充分感悟和理解这种联

84

系和变化,不仅能够在相关函数知识学习过程中认识更加深刻,还能够在教师的有效引导下,感受到辩证唯物主义思想的熏陶,感受到世间万物都具备其应有的客观规律,对于学生今后学习研究和分析解决问题提供基本的哲学思路。

(2)使学生感悟和理解事物发展和变化的观点。在数学知识海洋当中,很多概念、推理都是运动和发展的,很多知识构成和理解也都需要用变化、发展的眼光去看待和学习,如函数、导数、极限等相关知识学习,需要教师用运动和变化的观点引导学生理解,探寻变化的过程,从而加深知识的掌握。相反,若学生单纯在静态中去学习和理解函数、导数、微积分等相关知识,很难掌握其中规律,对于学生数学思维培养和解题能力提高都没有益处。

(3)引导学生掌握数学知识当中对立与统一的关系。在数学知识中有很多的对立和统一,比如函数当中自变量和因变量、微积分等等,但其对立与统一并不是绝对的,而是能够相互转换与化解的,教师在教学过程中应充分引导学生明白其中道理,进而提升对知识的掌握和理解。

(4)发扬数学学科的实践精神,提升学生实践意识。"眼过千遍不如手过一遍",这句老话充分证明了实践的重要意义,在数学教学过程中,不但要按照教学要求将数学知识传授给学生,还应当突显实践的重要性,通过实践提升学生掌握知识、提升学生实际运用数学知识、养成良好的学习习惯,从而明确实践的伟大意义,逐渐树立起实践是第一的观点和意识。

3.高中数学教学对学生品行方面的培养

如前文所述数学是一门研究事物数量、变化等客观规律的自然科学。这也决定了数学是一门十分严谨的学科。在高中数学教学中,随着教学内容的不断深入和拓展,这种严谨的精神和意义所起到的作用越发明显,在推理、论证乃至错题分析、知识总结过程中,在教师的有效引导下,能够很好地培养学生严谨的学习习惯,强化学生实事求是、不盲从、重证据的科学态度和作风的精神。同时,想要学好数学、掌握数学,不仅仅需要智慧,还需要毅力、勤奋和敢于向困难挑战的勇气,在教学过程中合理、充分引导,还能够培养学生坚忍不拔、不畏艰难以及勇于探索和创新的精神[2]。

二、渗透社会主义核心价值观教育的关键环节

1."以人为本"，强化学生教学主体地位

在高中数学教学过程中，要充分渗透社会主义核心价值观教育，必须坚持以人为本的社会主义核心价值观教育，并完全贯彻课改要求，强化学生在教学过程的主体地位，结合高中数学教学自身特点，掌握高中学生不同年龄段的心理特征，从学生实际生活经验出发，让学生在学习的过程当中，能够真切体会到数学思想的存在和作用，感受到数学知识德育层次上的内容。在课堂教学中尽量减少单纯数学抽象理论讲解，通过教师的言行带动和感染学生，从学生内心需求入手，将社会主义核心价值观外在表现形式和要求与授课内容有机结合，通过情景导入、师友互助等多种模式的开展和数学天地等数学活动的开展，鼓励学生主动学习、参与与探究，培养学生团结求实、积极奋进、勇于探索创新的精神，实现知行合一[3]。

2.教师引导作用应充分发挥

在高中数学教学实践中，突出学生教学主体地位和教师引导作用是达到教学目标、实施社会主义核心价值观渗透教育的关键。首先，教师的言行举止是社会主义核心价值观教育的第一课，教师的品格风貌、一言一行对于学生有着最直接的影响，教师强化自身素养，为学生树立爱国敬业、诚信友善的榜样，秉承先大家后小家、甘于奉献的精神开展教学工作，将是对学生最重要的德育教育课。其次，在教学实践中，教师应当充分尊重和信赖学生，消除传统阶级思想，公平对待每一名学生，建立平等、民主、和谐的师生关系，将大大有助于核心价值观渗透教育。最后，在数学教学实践中，教师应发挥其专业知识优势，制定核心价值观渗透教学体系和策略，有系统性地、有计划性地开展核心价值观渗透教育。

三、小结

综上所述，在高中数学教学当中渗透社会主义核心价值观教育对于学生正确人生观、价值观的培养，推进学生严谨细致的科学态度与作风、养成创新探索的精神具有十分重要的意义，同时让学生对相关数学知识的理解与掌握，对数学思想感悟与认知的培养也十分有益，我们应当在新课改精神指导下，践行全面素质教育，切实做好社会主义核心价值观在各个学科渗透教育工作。

参考文献：

[1]任宝铃.高职数学基础课教学中应渗透数学文化教育[J].成人教育，2009,(3):15.

[2]沈壮海."爱国、敬业、诚信、友善"如何践行[N].人民日报,2014-02-17.

[3] 史蓉蓉.社会主义核心价值观体系与大学生核心价值观培育[J].思想教育研究,2010,(10):8.

浅谈高中数学课堂中社会主义核心价值观的渗透

作者: 杨汝秀

摘 要: 高中数学教育是学科教育的基础,数学教师在进行授课时,不仅要通过数学课堂教学增加学生数学知识,提高学生数学逻辑思维,具备数学思维能力和数学思想,同时,还要通过在数学课堂教学中渗透社会主义核心价值观,即培养学生"富强、民主、和谐、自由、平等、公正、法治、爱国、敬业、诚信、友善"的中学生,充分利用数学在课堂教学中的重要作用。

关键词: 普通高中;数学;渗透;课堂教学;社会主义核心价值观

"才德全尽谓之圣人,才德兼亡谓之愚人,德胜才谓之君子,才胜德谓之小人"[①]新的课程标准的改革要求我们,要使学生做一个具有文明、诚信、友善、爱国的中学生,必须遵守和继承我国的法律和社会公德。所以高中数学的课堂教学仅仅关注学生的知识获得、技能运用上是不够的,爱因斯坦说:"用专业知识教育人是不够的,通过专业教育,他可以成为一种有用的机器,但不能成为一个和谐发展的人,使学生对价值产生强烈的感情,那是最基本的。"[②]所以作为一线教育者,我们要时刻记住在数学课堂教学中渗透社会主义核心价值观的重要作用。

作为基础学科的数学,它对学生价值观、人生观、世界观的形成,有着非常重要的作用,作为数学教育工作者,这就要求我们在数学课堂教学中,必须通过科学的正确的教育引导,日常熏陶,还要关注学生社会主义核心价值观的培养,不但要培养学生的学习能力,更要重视对学生德育方面的教育,结合学生特点,抓住高中数学教材标准,把数学课本中能够体现德育资源转化为爱国、友善的教育,在数学课堂教学中,把社会主义核心价值观融入高中数学课堂全过程,引导

---

① 司马光《资治通鉴》
② 任宝玲.高职数学基础课教学中应渗透数学文化教育.成人教育,2009。

中学生在学习和生活中处处牢记社会主义核心价值观。这对于中学生乐观、积极向上的成长以及社会的发展具有重要作用。结合自身的数学教学经历，下面谈谈在数学课堂教学中应如何渗透社会主义核心价值观。

一、课本中的数学史渗透社会主义核心价值观

爱国主义教育是学校德育的主要任务之一，爱国就是热爱祖国的各种传统文化，关心祖国的未来，关注我国的时事政治，献身祖国的建设等，新课程数学教材中，富含了大量的科学家的数学研究成果，对培养中学生的爱国情怀有一定的促进作用，因此在数学教学中适时地利用它们对学生进行爱国教育，会达到意想不到的效果。比如在讲三角函数的内容时，指导学生阅读"三角学与天文学"，介绍数学家雷格蒙塔努斯的同时，向学生介绍我国著名的几位数学家：华罗庚中国近代数学的开创人、陈省身现代微分几何的开拓者，苏步青世界著名微分几何学家射影微分几何学派的开拓者，陈景润数论学家，丘成桐解决微分几何的数学难题——卡拉比猜想等等。总之，课本中的阅读与思考部分我们不能忽略，这些真实的数学史实例不仅能够激发学生学习数学的兴趣而且更好地激发学生的爱国热情，使得学生的民族自尊心和自信心明显增强，数学学习责任感和学习的进取心也明显加强。

二、教师自身雄厚的专业知识渗透和谐、敬业教育

作为基础学科的数学，教师个人必须具有扎实的专业基础知识，宽广的知识面，只有这样，在学生心中才会树立好的个人形象，身体力行，走入学生的心灵深处，处处做学生的表率以自己的人格和形象感化学生，让学生受到潜移默化的作用，教师的个人形象和平时的言论对学生的影响也是巨大的。教师在课堂中的语言表达体现出教师的专业功底和素质，总之，教师的一切，都是学生模仿的对象，教师的一言一行都会给学生留下深刻的印象。比如，（一）在课堂中，不管学生提出什么难题，老师都能运用自身的专业知识而且思路清晰的给学生分析出来，在分析问题的过程中又能举一反三，这样老师就会在学生心中树立好的形象，自然而然地学生就会敬佩自己的老师，尊重老师，久而久之，这样的课堂就会变得越来越和谐，同时还能激发学生的学习兴趣；（二）在上一堂课之前，老师应该要通过查阅资料，做好充分的准备：精读教材、详写教案、备好课、做好课件，同时，根据不同的知识点采取不同的教学手段，学生就会感受到教师的一种敬业精神，这种和谐，敬业的精神就会不断地传递给学生，对学生以后的学习和生活起到很

大的促进作用。

三、课本中的例题渗透诚信、法治、爱国教育

数学来源于生活,同时又应用于生活,高中数学处处可以渗透诚信、法治教育。例如:在讲分段函数的表示的时候,在例题教学中穿插爱国主义教育,教育学生为祖国建设贡献力量,穿插遵纪守法教育,教育学生依法履行纳税义务。让学生了解偷税漏税是可耻的违法行为,会受到法律的处罚;在讲几何概率的时候让同学们了解《道路交通安全法》及其重要性,在讲幂函数的时候让同学们了解《中华人民共和国文物保护法》,使学生加强对文物的保护,继承中华民族优秀的历史文化遗产,加强爱国教育。

四、小组合作探究的学习方法渗透和谐、自由、平等的教育

在数学教学中,学生的数学学习活动不应只限于接受、记忆、模仿和练习,高中数学课程还应倡导自主探索、动手实践、合作交流、阅读自学等学习数学的方式。[①]因此,我们可以采取小组合作学习法,把班上的学生进行分组合作学习,让他们在各自的小组中互相协作,每个同学对于同一个问题都有不同的理解方式,通过本组成员分享自己的观点,再同其他成员的观点结合起来,就会得到意想不到的效果;对于有些问题,学生一个人的力量可能完不成,但通过本组大家成员的努力,就可能会迎刃而解,或者在更短的时间内完成相应的任务,这样学生会意识到人与人之间存在相互依赖关系,只有人与人之间建立起一种和谐的关系,在大家的努力下,自己才能取得成功,小组间也才会更好更快地完成任务。使学生领悟到世界万物都是相互依存、相互依赖的关系,他们才会从中体会到要学会尊重他们,倾听他们人,人与人之间团结协作的重要性。

五、通过举办数学趣味知识竞赛渗透民主、平等、公正的教育

为了激发学生学习数学的兴趣,提高学生的综合素质,每个学期举办一次数学竞赛,让学生在激烈的竞争中正确认识自己,让他们意识到人与人之间想要获得成功,必须通过自己的努力,就像参加数学竞赛一样,想要出类拔萃,就得必须经过公平公正的参赛,生活中也是一样,想要在某一方面达到理想的最高点,获得一定的奖励或者某种称谓都是要经过公平公正的选拔。这就让学生领悟到我国是一个民主、平等、公正的国家。

---

①高中数学新课程标准.2008(2)。

六、通过数学实践活动渗透友善、和谐的教育

社会主义核心价值观的渗透不只局限在课堂上，还应与实践活动有机结合，每个学期开展几次数学实践活动。通过调查、搜集资料，然后教师在活动中提出问题，学生思考问题，最后学生自己解决问题。例如：在讲概率一节内容时，让学生通过调查本班每个同学曾经所做过的好人好事的次数，然后算出这种好人好事在自己身边发生的概率，进而估算整个学校学生做过好人好事的概率，通过这种概率值，引导学生，身边处处是好人，当别人需要帮助时，我们要乐意伸出援助之手，我们每个人的生活中也是处处充满爱的，只要们善于发现，爱就在身边，从而我们每个人也都要做一个善良的人，与同学朋友之间和谐相处，互相帮助，这样，学生就会领悟到要团结，友善的与别人相处。

高中数学课堂渗透社会主义核心价值观不仅只局限于上面几种，高中数学课堂处处可以渗透社会主义核心价值观，只要我们把握好课本的脉络，细读高中数学课程标准，具备较强的专业知识，了解相应的数学科学家，广泛阅览群书，拓展自己的知识面，生活中的例子就可以很好的渗透核心价值。这样不仅激发学生学习数学的兴趣、提高学生的数学逻辑思维，具备一定的数学能力和数学思想，还让学生领悟到我国是一个"富强、民主、和谐、自由、平等、公正、法治、爱国、敬业、诚信、友善"的国家。我相信，通过所有教育者的努力，我们的学生定会是一个德育、智育全面发展的学生。

社会主义核心价值观在高中数学教学活动中的应用

作者: 张立芳

摘 要: 我国正处于重要的社会转型阶段,需要大批人才,社会主义核心价值观在高中教育中的渗透可以帮助学生养成正确的人生观、价值观。本文详细阐述了社会主义核心价值观的内容,并从三个方面讲述了社会主义核心价值观在高中数学教学活动中的渗透与应用方式。

关键词: 社会主义核心价值观;高中数学;学科教学;应用

当今世界的竞争,本质上是教育的竞争,高水平的教育无疑可以缔造出综合素质过硬的高水平人才,在高中数学新课程改革工作的深入下,数学教育理念也发生了嬗变,尽管各地区教育水平不尽相同,但是立足实际、强化素质教育均已成为教育界的必然趋势。社会主义核心价值观最早在2012年中国十八大报告中提出,"富强、民主、文明、和谐、自由、平等、公正、法治、爱国、敬业、诚信、友善"这简单的24个字构成了社会主义基本的价值观念,在教学活动中渗透社会主义核心价值观已经成为教育界同仁的共识。

一、注重政治价值观的教育

"富强、民主、文明、和谐"是基本的政治价值观,在十八大报告中明确指出:"要实现中华民族伟大复兴,争取到2020年,全国人均收入翻一番,"这让全国人民翘首以盼。富裕并非单纯的收入提升,更加强调内心的富足。在数学课堂上,教师要教育学生,富强不是数学概念上的平均值,富强是需要依靠每一个人的辛勤劳动,作为国家的客体,我们要做到遵纪守法、努力钻研,丰富自身的内心世界。同时,教师要引导学生主动钻研历史,无论是旧社会、还是新中国,人们一直都走在追求富强、民主的道路上,让学生认识到这个时代的可贵,珍惜自己拥有的一切。

要达到社会主义核心价值观的渗透目的,教师在整个教学过程中,要做到文明、民主,让学生在课堂上、学校中感受民主和文明的力量。在数学课堂这一主战场中,教师要发挥出主导作用,摒弃"灌输式"、"独裁式"的模式,避免引起学生的反感和排斥,与学生平等交流,充分尊重每一个孩子,让学生在民主的氛围中茁壮成长;教师在管理班级的过程中,要做到和谐,给学生创造一个和谐的学习环境,学生与学生之间,教师与学生之间,教师与教师之间都统一形成一个和谐的大局面,让学生在校园里处处能够感受到和谐的气氛。这也就要求老师在课堂上不要因为学生回答问题不对而批评和指责学生,更不能体罚学生,同时教育其他学生不能嘲笑同学,而是投以鼓励的眼神和激励学生的话语,这才体现课堂上真正的和谐,学生才能在这样和谐的环境中积极健康的成长。

二、教师要发挥出道德模范的示范作用

社会主义核心价值观强调"爱国、敬业、诚信、友善",这对于每一个中国人都是非常必要的,爱国之情是对祖国的深深依恋,是学生需要遵循的基本价值观。作为教师,要在言语方面激发出学生的爱国思想,爱国的精髓在于"忠"、"孝",忠于祖国,爱护家人。如,对于日本侵犯我国钓鱼岛的行为,可以为学生讲述中国历史上仁人志士的爱国行为,激发出学生的爱国情感。此外,教师要发挥出自身的示范作用,用自己的行动来爱学生、爱校园,遵纪守法、孝顺父母、爱护学生。如,在学校的每周升旗仪式上,教师站队时就要做到快、静、齐,当国歌响起的时候一定是严肃的,行注目礼。每天上下学过马路走斑马线,开车等红绿灯等等,这些都是给学生的一种示范教育。

教师也要发挥出自己的敬业精神,这是为人师表基本的道德素养,在日常教学活动中,要做到爱岗敬业,不迟到、不早退、忠于职守、认真备课,主动学习,将教育工作作为自身的事业来执行。在这种大环境下,学生会受到潜移默化的影响,仔细听讲、不无故缺课、课后认真思考,这对于学生的成长是非常有益的。

同时,教师自身也要做到诚实守信,让学生知道,诚信可以有所得,在批改作业、课堂辅导、考勤时,要讲究诚信,答应学生的承诺,要如实做到,不能说一套做一套。即使有原因做不到,也要当面和学生数清楚情况,这也是对学生的尊重。如,可以结合极限教学的内容:有 n 个量,在每个量都趋近去无穷小时,相加之后也会成为一个实际数,这正可以说明"勿以恶小而为之,勿以善小而不为"的道理。

此外,教师对学生,要友善仁爱,高中阶段的学生学习压力大,付出了大量的时间与精力,教师要学会体谅他们,对于存在困难的学生,予以一定的帮助,对于性格孤僻的学生,多与他们谈心,用爱心鼓励学生,让学生可以从心底里认同社会主义核心价值观。

三、引导学生理解自由、平等的概念

自由是人发自内心深处的呐喊,但是,自由并非绝对的,教师要引导学生正确的理解自由和平等的概念。如,在讲解关于极限的概念时,可以引入自由的概念,让学生知晓,自由并非数学中的"[ ]",而是要在法律允许的范围内。在数学课堂上,教师还要时常教育学生,每一个人都是平等的,如论家境贫穷还是富足、来自农村还是城市、学习成绩优还是劣,每一个同学在寝室、校园与班级中都是平等的,教师不能高高在上的教育学生,学生之间也要相互尊重,大家在人格上是完全平等的。经常为学生灌输这样的思想可以扭转学生群中的攀比思想,引导学生树立起正确的人生观和价值观。

"十年树木,百年树人",人才的培养是长期的过程,需要我们教育工作者认真不懈的努力,高中数学中蕴含着大量的核心价值观,只要我们懂得挖掘,积极在课前、课中与课后践行社会主义核心价值观教育,就可以让学生成为有责任、有担当、爱岗敬业的好青年。也只有这样,才能够促进我国教育事业的可持续发展,为社会主义事业提供合格的接班人。

参考文献:

[1] 张建华. 对高职高专院校开展社会主义核心价值观教育的思考[J]. 湖北水利水电职业技术学院学报. 2009(03)

[2] 胡芝. 社会主义核心价值体系在高职大学生中传播、认同工作的针对性、实效性探索[J]. 赤子(上中旬). 2014(10)

[3] 胡芝. 探索社会主义核心价值体系在高职大学生中传播、认同的基本途径[J]. 赤子(中旬). 2014(04)

[4] 李志伟,王斯敏. 社会主义核心价值体系建设的点睛之笔[N]. 光明日报. 2012 (009)

高中数学教学中渗透社会主义核心价值观对策初探

作者: 陈 锋

摘要:高中数学是高中阶段的难点、重点课程,高中数学新课程改革标准中提出了社会主义核心价值观的渗透问题,强调帮助学生树立起正确的世界观、人生观与价值观。本文针对社会主义核心价值观在高中数学教学中的渗透方式进行了总结,并分析了具体的注意事项。

关键词:高中数学;社会主义核心价值观;渗透;对策

我国的中小学教育在多年的发展中,取得了初步的成就,素质教育理念的落实已经初见成效。高中数学这门课程旨在培养学生的逻辑思维能力与数学应用能力,在这两方面的能力培养上,都体现出了价值观。在高中数学教学中,应该帮助学生树立起正确的世界观、人生观与价值观。社会主义核心价值观是一种内化的价值观,强调爱国、诚信、敬业、友善,在高中数学教学中渗透社会主义核心价值观是素质教育的客观要求。

一、社会主义核心价值观在高中数学教学中的渗透方式

1.在高中数学教学中融入审美教育

"哪里有数学,哪里就有美",数学中蕴含着美学思想,是进行审美教育的一个新途径,数学学科中,普遍存在着结构美、和谐美、奇异美、对称美、简洁美。作为教师,要挖掘数学教材中的美,引导学生进行感悟,久而久之,学生就可以从理性审美角度来审视这个世界,明白善恶美丑的界限,成为一个合格的社会主义事业接班人。

2.利用数学知识推行辩证唯物主义思想

数学这门学科研究的是客观世界的数量关系与空间形式,蕴含着深刻的辩证唯物主义思想,我们可以将其利用起来,为学生开展辩证唯物主义思想教育:

（1）普遍联系思想

事物与事物之间是具有普遍联系的，这种联系有着多样性和广泛性的特征，在高中数学中，最能够体现普遍联系思想的就是排列组合与函数。排列组合强调事物联系的多样性与广泛性，函数就是表达事物联系的一个数学模型。我们在为学生讲解这些概念时，可以有意渗透普遍联系的思想，让学生不仅可以学习到数学知识，还可以正确的看待辩证思想。

（2）对立统一观点

在数学知识中，有大量的概念，都是对立统一的，如因变量与自变量、积分与微分等，在授课时，要让学生了解对立统一的观点，加深他们的认识。

如，笔者在讲解因变量与自变量时，可以为学生列举出实际的问题，通过与实际的对比，学生就可以了解事物的对立统一观点。

（3）运动与发展的思想

数学知识中，很多的推理、概念都是存在矛盾的，对于一些深奥的知识点，需要引导学生用发展的眼光来分析，在动态中理解概念的实质，久而久之，学生既可以掌握问题的解决方式，还能够了解运动与发展思想的核心内涵。

（4）实践第一的思想

数学概念都是在实践中产生，在数学知识的讲授时，要树立起"实践第一"的思想，从学生的生活和生产出发，引导学生将所学的数学知识应用在实际中，通过循环反复的联系，学生就可以明白"数学来源于实际，又应用于实际"，时刻牢记实践第一的思想。

在高中数学教材中，还蕴含着大量的辩证唯物主义思想，作为教育工作者，我们应该积极挖掘、适时引导，为学生人生观、世界观的形成奠定出坚实的基础。

3.利用数学在生活中的实际应用来提升学生的价值观

数学来源于生活，生活中处处有数学，许多生活中遇到的问题抽象出来其实都可以是我们的一些数学问题的模型，解决这些问题的都蕴含着数学的思想和方法。在我们的高中数学教材中就有许多例子、如在圆锥曲线一节当中，一个例题就给出了工厂中的一个冷却塔的纵切面的图形，通过建立坐标求方程，其实就是圆锥曲线在解决实际问题中的一个应用，再有，公民缴纳个人所得税的问题,就是一个分段函数的问题等等;教师在引导学生解决这些实际问题的时候,就得引导学生分析,感悟数学在解决生活问题中的应用,经过不断的练习、感悟,学生就能获得一种能力,用数学的思维来解决问题,用数学的眼光来看待世界。进而提升了学生认知和感受世界的能力,塑造更完善的社会价值观。

4.利用数学史来提升学生的民族自豪感

在数学教学中,可以主动为学生介绍优秀数学家的故事,让数学课堂更佳的趣味、生动,利用这些优秀数学家的故事,可以起到言传身教的作用。如,可以为学生讲解华罗庚先生的事件、介绍我国数学家努力探索,解决世界难题的事件、讲解古代了不起的数学思想等。通过数学史的渗透,可以从心底激发出学生的民族自豪感与爱国热情,引导他们努力奋斗,将个人价值融入国家振兴大业中。

二、社会主义核心价值观渗透的注意事项

在高中数学教学中,应该始终坚持以人为本的思想观念,从数学学科的特点来渗透社会主义核心价值观,遵循学生的心理特点,从他们的生活出发,引导学生将生活与抽象的数学问题相联系,促进学生价值观、情感态度与思维能力的进步,避免讲解过多抽象晦涩的理论,从学生的内心需求出发,将社会主义核心价值观与学生的自我发展有机结合,创设适宜的教学情境,引导学生主动参与,达到"知行合一"的教育目的。

此外,教师要充分的关爱学生,公平的对待每一个学生,做学生的朋友,心灵的导师,在课堂上建立起民主、平等、和谐的氛围,让学生可以"亲其师、信其道",这样,学生不仅可以接受数学教育,还可以受到民族精神、理想信念与思想道德的熏陶,这对于我们在教学过程中渗透社会主义核心价值观是大有裨益的。

三、结语

高中数学教师要具有丰厚的知识底蕴,主动钻研教材,从整体上理清社会主义核心价值观的脉络,形成完整的数学教学体系,抓住教学重点,持之以恒的为学生渗透核心价值观,这对于学生日后的发展非常有益。

参考文献:

[1] 宋文新. 建设社会主义核心价值体系的路径分析[J]. 新长征. 2012 (01)

[2] 李立菊. 社会主义核心价值观融入大学生思想政治教育的路径选择与平台搭建[J]. 吉林省教育学院学报(学科版). 2011(02)

[3] 于喜廷,靳玲. 社会主义核心价值观建设的路径选择[J]. 中共云南省委党校学报. 2011(02)

[4] 栾变,刘才喜. 建立科学评价体系,促进教学质量提升——关于建立高校课堂教学质量评价体系的思考[J]. 科技资讯. 2011(11)

高中英语课堂渗透社会主义核心价值观探究

——以文明和谐理念为主

作者：匡 娟

摘 要: 作为教育体系之中的重要组成部分,高中教育对提高学生的综合能力、促进学生的全方位发展意义重大。高中英语是高中学科中学习难度最大同时课业负担较重的一门学科,因此许多高中英语老师在实践教学时往往面临着诸多的难题,随着我国教育体制的不断改革,为了能够有效地突破现有的教学制度,我国开始将高中英语教学与社会主义核心价值观的形成相结合,保证学生能够树立正确的世界观和人生观,积极地意识到个人在英语学习中的主体地位以及作用,从而更好地发挥个人的主观能动性。通过对这一重要论述的学习,让我深刻地认识到这一理论创新的重要性及深远意义,它反映了我们党对社会主义核心价值观问题的最新认识,将极大地推动社会主义核心价值体系建设。

关键词: 高中英语;社会主义核心价值观;文明;和谐;素质教育

一、高中英语课堂渗透社会主义核心价值观的必要性

1.提高学生爱国主义情操

作为一门工具性以及实践性较强的学科,高中英语对提高学生的学习能力以及交际能力有着重要的促进作用,因此如果高中英语老师能够将社会主义核心价值观的渗透与课堂教学相结合,把爱国主义教育的内容分解渗透到英语学科的课堂教学中去,根据有关内容,对学生灌输爱国道理,蓄养爱国主义激情的课堂教育,就能使学生对祖国灿烂文明、壮丽山川在生活动泼、富于创造的内心体验中获得巨大的满足、幸福和陶醉,并油然升华成作为中华民族之一分子的崇高感和骄傲感受,乐意为这个多民族的团结而牺牲私利,奉献其所有。从而提高了他们的爱国情操。

2.促进青少年健康成长

中学生的思维逻辑还处于战斗之中,高中阶段是学生人生观和价值观得以形成的重要阶段,只有在该阶段之中对学生进行社会主义核心价值观的教育以及渗透,才能够保障其真正地实现健康而又全面的发展。在高中英语学习的过程中,学生开始正视自身的不足,他们不再简单地进行知识的学习,而是将个人的理念以及认识融入其中,对权威开始提出了质疑,因此如果能够真正地将高中英语课堂与社会主义核心价值观相结合并实现两者的互相渗透,就能够对高中生进行有效的引导,真正地促进青少年的全面发展。

我国著名的教育学家陶行知在公开场合中强调,教育的根本应该是道德,即使个人能够拥有掌握各种基础知识并且学识渊博,但是如果没有一个良好的道德品质,那么也无法发挥知识的作用和价值,因此一个人的全面发展必须要以良好的道德品质和世界观为基础,只有这样才能够真正地实现个人的社会化。

3.符合英语课程的内涵和实质

作为一种重要的交流和沟通工具,学生在英语学习的过程之中,除了需要以英语为基础,积极地吸收各种外部信息之外,还需要以此为契机不断地进行知识的传播以及创造,让社会各界都能够了解我国优秀的文化。因此如果高中英语老师能够将社会主义核心价值观与高中英语课堂相结合,引导学生积极地了解我国优秀的传统文化,向全世界来宣扬传播我国的文化,将其作为一种重要的文化交流工具,那么就能够充分地发挥教育的作用和价值,为提高我国的综合软实力做出应有的贡献。从另一个层面上来看,促进政治、经济、文化的繁荣发展以及国际化交流也是我国开展英语课程的内涵以及实质,只有保障我国的高中生在英语学习的过程之中掌握英语的发音技巧和交流能力,才能够充分地发挥这一工具的作用和价值,将我国的优秀文化推向全世界,真正地实现社会主义核心价值观体系的建立。

二、在高中英语课堂渗透社会主义核心价值观的策略

1.将理论与实践相结合

高中英语是一门工具性较强的学科,因此老师必须要注重学科的实践性,真正地将理论教学与实践教学相结合,积极地拓展第二课堂,通过开设英语角以及各种英语活动的举办来为学生营造良好的英语学习环境,帮助学生主动地接受

社会主义核心价值观的熏陶和洗礼,从而在英语学习的过程之中能够树立良好的人生观和价值观,促进个人的全方位发展。

其次,理论与实践的结合还能够有效地突破应试教育的不足,避免哑巴式英语教学的负面影响,让学生能够在实践的过程之中了解社会主义核心价值观的实质以及英语课程学习的内在要求,只有这样才能够提高高中英语课堂效率以及教学质量。

2.创新教学模式

传统的应试教育导致我国高中英语老师在课程教学时只关注基础知识的传授,忽略了学生学习能力的提升以及英语素养的培养。高中英语学习难度较大,学生应该在掌握一定词汇量的基础之上更好地培养自己的语感以及表达能力。其中老师需要充分地发挥各种创造性教学模式的作用,突破传统教学理念的不足和桎梏,以情景教学和提问式教学为主,让学生能够在合作社教学的过程之中主动地接受社会主义核心价值观的学习,其次老师还需要以文明和谐理念为基础,帮助并且鼓励学生树立正确的人生观和价值观。

文明和谐理念作为社会主义核心价值观之争的重要组成部分,对促进学生的全面发展以及个人品质修养的提升有着关键的作用,因此在将英语课程与社会主义核心价值观体系相结合的过程中,英语老师需要注重该理念的融入,加强与学生之间的互动,营造积极而又和谐的学习氛围。

3.注重优秀文化的融入

在教育改革的过程之中,我国之所以提出要将社会主义核心价值观的建设与教育相结合,主要在于教育必须要为文化的传承与发扬服务。英语作为一门交际的工具,对促进世界文化的融合发展有着关键的作用,在英语学习的过程中,我国学生能够了解全世界的优秀文化,能够将我国文化推向世界。因此在将社会主义核心价值观与英语课程相结合时,我国英语老师需要注重以我国传统的优秀文化为契机,注重优秀文化的融入和传承,保证学生在掌握英语的过程之中充分地发挥这一工具的作用,推动我国优秀文化的传承。

三、结语

在高中英语课堂之中渗透社会主义核心价值观并以文明和谐理念为核心符合我国素质教育的要求,对推动我国优秀文化的繁荣发展意义重大,其中高中英语老师需要意识到社会主义核心价值观与高中英语课堂相融合的必要性,积极地突破传统的教学手段与模式,将理论与实践的结合,将各种优秀的中国文化融入其中。

参考文献:

[1]陈贤纯.探究如何在高中英语课堂渗透社会主义核心价值观[M].教育实践与研究,2013.

[2]张志勇.社会主义核心价值观与高中英语课堂的融合[J].教材教法研究,2009,(24):106

[3]黄燕云.社会主义核心价值观对提高高中英语课堂效率的作用[D].教育科学研究,2009.

[4]钟燕.浅析社会主义核心价值观与高中英语课堂之间的结合[D].西北师范大学,2008.

浅谈如何在英语教学中进行诚信养成教育

作者: 罗祥兵

摘要: 诚信是和谐社会的基本内容和社会主义核心价值观之一。诚信养成教育之责,学校首当其冲。学校是为实现和谐社会培养诚信人才,为国家和社会输送高素质诚信人才的教育基地,教师则是诚信建设这个大厦根基得以建立的关键。本文主要从监督学生遵守校园规章制度培养学生诚信意识,引导学生过诚信生活;教师以诚信先行者的身份在生活中进行潜移默化和引领;教学上以"四诚教学"进行有意识的示范等三个方面来推动学生的诚信养成教育。

关键词: 高中英语;诚信;养成教育;四诚教学;社会主义核心价值观

诚信,自古以来是中华民族的传统美德。其内容是待人处事真诚、老实、讲信誉、一诺千金。"诚信是一个道德范畴,亦是公民的第二个身份证,是日常行为的诚实和正式交流的信用度合称。"[1]第一张身份证是外在的,弄丢了还可以即办即得;第二张是内在的,是活出来的,需要经历一段比较长的时间才能创立出来的,诚信这张身份证(即品牌)一旦失去,重新建立就很困难了。

诚信这张"身份证"比第一张身份证更值钱更管用。就拿借钱这件事来说吧,人的信誉好,人们会爽快地借钱给他;人不讲信用,到哪里都借不到钱。再拿支付宝里的花呗额度举个例子吧,它直接与每个人的信誉度高低有关了,还款越及时,花呗额度就越高。从这里可以看到,诚信就好比一个人的品牌形象一样。诚信如今已被商人看作商贸往来的生命线和基础。韩愈说,"师者,所以传道授业解惑也。"[2]作为老师,在教授学生知识与生活技能的时候,还要教导学生做人的道理。教导学生讲诚信就是其中的一种"人之道"。孟子也说,"诚者,天之道也,人之道也。"[3]古人重视讲诚信,现代的社会已进入了诚信时代。离开诚信,人在这个社会将会难以立足。因此,教师要重视提高学生的诚信意识,教导并帮助学生建立品牌形象,为学生将来步入社会建家立业,成就辉煌奠定基础。

笔者认为,在英语学科这一片领域,可从以下几个方面对学生进行诚信养成教育:

一、在与诚信有关的词汇教学上及时进行诚信养成教育

1. 在教学 borrow,lend,keep,library,book,pay 等词汇时,引导学生学诚信知识。

教导学生借阅图书要讲诚信。遵守图书馆的规章制度就是讲诚信;不小心弄撕或弄脏图书,及时向图书管理员说明并道歉就是讲诚信;因为讲诚信,所以不随便不向其他人转借图书;弄丢图书照价赔偿是讲诚信。学校对乱涂乱画,随便向其他人转借图书和不及时归还图书的学生进行批评并处以一定的罚金,对屡次不改的学生还要使用特别手段如勒令其父母领学生回家反省,使其极速悔悟成长,警戒其他学生爱护图书,以此督促学习学习诚信的功课。

2. 在教学 leave, drop,pick up,found;honest,trust 等词汇时,还有 Honest is the best policy 等格言时,引导学生学习诚信理念。

要学生学习讲诚信,有拾金不昧的精神,根据学生易受激励,善于模仿的特点,可以向学生讲一些与诚信有关的励志故事,以此对学生进行潜移默化的影响。对于拾金不昧的学生,除了用广播进行口头表扬外,可在学校公示栏张贴其诚实事迹,或以发奖状的形式表扬学生,让其他学生受到熏陶,让家长参与教育,让大家崇尚诚信生活。

3. 在教学 look after,take care of,use,break 等词汇时,引导学生学习诚信的重要性。

孔子说,"言而无信,不知其可也"。[4]意思是说,人若不讲信用,不知在世上还能做什么。答应别人的事一定要做好,否则就是失信。答应别人照管东西,务要管理好。弄丢或是未经别人同意就使用他人的物品,就属于不诚实,不守信用的行为。未经别人同意随意动用别人的东西其实和偷窃并没有什么区别,行了这事的人会导致其信誉度降低,以后其他人就不再信任了。借此教导学生务必留意细节,做一个让人放心信得过的诚实人。

二、教师本人应该就是诚信形象代言人

西汉教育家杨雄说，"师者，人之模范也。"[5]教师要教导学生做一个讲诚信的人，教师必须做好模范带头作用。具体做法是：教师与教师，或者教师与学生的的交往要时时讲诚信，处处出现诚信的生活，让学生直接接受诚信生活的熏陶。教师平时不可随意说让信誉度受影响的笑话，要一本正经，"一是一，二是二"。不可胡乱编造，无中生有。当教师言语行为处处都散发着诚信生活的芬芳，学生也会陶醉其中。

老师要求学生按课程表准时到校，教师更应该带头做到。守时本身就是一种诚信。班级公约由大家制定，师生都应守约，任何一方违反都属于不守信用。老师带头守约时会更好有效的促进学生的诚信养成。我跟我的学生制定学科公约时就规定，迟到旷课者甘愿受罚放学后代替值日生打扫教室卫生。有一天，我有事来迟了，除了向同学们道歉外，同时也说放学后接受打扫清洁区的处罚任务。放学了，我真的拿起班上的工具去做卫生工作。全班同学一窝蜂地上来协助打扫，但都被我拒绝了。从那以后，我每次上课都是早早的进入教室，班上从次也不再出现迟到旷课的现象，整个学期我的课学生都满勤。由此可以看到，教师的诚信生活对学生的诚信养成影响很大。

三、教师要进行"四诚教学"，让教学处处充满诚信的信息，然学生在诚信的学习中茁壮成长

1.一诚：诚信备课

所谓诚信备课就是老师要诚诚实实地调查学生真正掌握知识的程度，了解学生的学习目标和态度，以便于根据其真实情况整合教材，从教材中选取最适合于学生接受的内容进行备课，这样的备课就是诚信备课，这样的备课才能够达到因材施教的效果。反之，对学生不了解，未根据学生的实际情况来编写教案，使用不适合学生实际的选材内容来备课，这种不诚实不负责任敷衍了事的备课很难让学生的学习达到高效。

2.二诚：诚信课堂

用合适的方法诚实地在课堂上教书育人，把学生当作自己的孩子来教，对学

生充满信任,以父母般的慈爱因材施教,并努力达到所设定的预期目标:语言知识、学习技能、情感态度和价值观都得到体现和培养,学生的创造性思维在课堂上能够得到拓展,这种课堂就是诚信课堂。诚信的课堂才会培育出诚信的学生。

3.三诚:诚信作业

安排的作业是精挑细选,既能巩固所学知识,又有拓展的空间,不增加学生负担,学生能够轻松思维又得到发展并在规定时间内完成的,就是诚信作业。

4.四诚:诚信反思

课后反思才有成长,不反思,就没办法上好下一堂课。为了使下一堂课的教学做得更好,为了不让学生在课堂上一头雾水,为了使学生学得更加轻松,更有创意,反思前一堂课存在的不足,思索改进的新方式,将反思的结果又融合到课前备课中来。这就是诚信反思。

四、结语

在知识上引导学生讲诚信,教师以诚信生活给予熏陶,让"四诚教学"芬芳四溢,让学生时常沐浴在诚信的学与用之中,笔者认为,学生的诚信养成在全校师生的监督帮助下一定会逐渐形成的。

参考文献:

[1]张胜磊.诚信是公民的第二个身份证.齐鲁网

[2]韩愈.师说.

[3]孟子.孟子.离娄上.

[4]孔子.论语.为政.

[5]杨雄.法言.学行.

浅谈高中英语课堂教学
如何渗透社会主义核心价值观

作者: 罗天苑

摘 要:高中学生正处于人生观、价值观、世界观发展和成熟的重要阶段,所以高中学校除了传授给学生知识以外,也应当重视引导学生形成正确的价值体系。在高中英语课堂教学中渗透社会主义核心价值观的教育,能够让学生在学习文化知识的同时,进一步提升自己的人生观,能够对于自己的未来有更加准确的认识。本文首先简要介绍了在高中英语课堂教学中渗透社会主义核心价值观的必要性,然后重点探讨了具体的渗透途径,希望此途径能够指导我们高中英语教师将社会主义核心价值体观有效地融入高中英语课堂教学中。

关键词:高中英语;课堂教学;社会主义核心价值观;渗透

高中英语课程是一门思想性很强的语言类学科,学生通过学习英语来了解不同地区、不同文化背景下人们的语言表达方式,所以在高中英语课堂教学中渗透社会主义核心价值观是具有较强的可操作性的。同时,渗透社会主义核心价值观可以提高高中英语课堂的思想高度,让学生在掌握英语听说读写这四项基础技能以后,还能了解西方文化以及东方文化之间的差异,帮助学生拓展视野,形成正确的社会主义核心价值观。

一、在高中英语课堂教学中渗透社会主义核心价值观的必要性

高中英语这个人文学科课程除了让学生掌握基础的语言知识外,更重要的是让学生学会认识和接纳新的文化,所以在高中英语课堂教学中渗透社会主义核心价值观具有重大意义。

首先是社会主义核心价值观的学习可以让高中生形成正确的人生观,且高中生正处于价值观形成的重要时期,所以社会主义核心价值观教育可以让学生不受外界不良因素的影响,秉持着正确的人生观成长,争取成为对社会有用的人

才。

其次是中国的全球化进程越来越快,英语作为目前使用国家最为广泛的语言,对于学生未来的生活和工作非常重要。所以很多高中英语教师在教学过程中非常重视英语的工具性,但是其实英语还有很强的思想性,英语教师可以在教学过程中引导学生形成良好的思想道德品质。英语的工具性和思想性并非两个对立面,它们其实可以很好地统一在一起,这样才能切实提高学生的英语学习质量,所以在高中英语课堂教学中渗透社会主义核心价值观是非常必要的。

二、在高中英语教学课堂中渗透社会主义核心价值的有效途径

1.立足课程标准,寻找理论教育与道德教育的最佳结合点

一般来说,高中英语都设有非常明确的课程教学标准,那么英语教师在渗透社会主义核心价值观的过程中必须始终以课程标准为中心,通过不断的探索找到理论教育与道德教育的最佳结合点。即高中教师应当仔细研究高中英语教学对于学生未来发展的重大价值,然后通过仔细研读教材找到其中所蕴含的德育元素,最后在课堂教学过程当中以英语讲解为依托,向学生传递明确的德育理念。

例如在人教版高中英语必修一的第一单元"Friendship"的授课过程中,教师在进行授课的时候就可以很自然地让学生谈一谈他们对于友谊的理解或者在生活中遇到令人困扰的友谊问题会采取怎样的方式来解决等等。这种方式是多种多样、随机应变的,教师可以通过 warming up、reading、writing、speaking and discussion 等模块的学习,潜移默化地让学生通过语言的输入和输出受到良好的道德教育,深刻认识和践行社会主义核心价值观。另外,在课堂上聊这样的话题,可以很好地活跃课堂氛围,吸引学生的注意力,从而很好地提高课堂教学质量。

高中教师需要始终立足于英语课程标准,努力挖掘教材中蕴含的社会主义核心价值观内容,然后运用各种现代化的教学技术将其巧妙地设计到教学的各个环节当中。只有这样,高中英语课堂才能在培养学生综合语言能力的同时,帮助学生形成正常的情感和健全的人格,在生活中践行社会主义核心价值观,成长为对社会有益的人才。

2.创设英语情境,体验知识与德育的有效重组

我国著名的教育家陶行知先生说过：道德是做人的根本。根本一坏，纵然你有一些学问和本领，也无甚用处。并且，没有道德的人，学问和本领愈大，就能为非作恶愈大。因此，高中英语教师很有必要在英语教学过程中认真重组和挖掘文本的思想内涵，在精彩的课堂教学中抓住契机对学生进行深刻的道德教育。当然，这首先要以激发学生的学习兴趣为支撑点，让学生能够集中注意力跟随教师的引导去学习丰富有趣的知识，而不能一味枯燥的说教；其次英语教师可以采用答记者问、小记者新闻报道、辩论等以学生为主体的学习理念创设英语学习情境，让学生积极且快乐地融入其中，那么，提高学生的认知能力，形成积极的情感态度就是水到渠成的事情了。

例如在进行必修一 Unit3《Travel Journal》的阅读教学时，我通过展示一些旅游过程中的文明和不文明现象的图片，让学生四人一小组讨论出游时应该注意的事项来增强学生的安全意识和保护环境的意识；通过湄公河最终流经中国南海这一知识扩展，让学生牢记南海是中国的一部分，神圣不可侵犯，"虽远必诛"。又如在人教版高中英语必修一的第四单元"Earthquake"的教学中，高中英语教师可以结合我国的唐山地震和汶川地震为学生讲课。教师可以首先向学生展示汶川地震中的一些照片和观看相关的简短视频，然后让学生简单地阐述汶川地震中自己所了解的一些感人故事，将学生带入到地震的情境当中。这个时候再让学生阅读英语文章，然后小组讨论在地震来临时如何保护自己、珍爱生命。英语教师也可以让学生在网上查阅汶川地震中政府做了哪些工作以及温家宝总理写的"多难兴邦"背后的故事，充分调动起学生的爱国主义情怀和增强民族自豪感，让学生树立正确的社会主义核心价值体系，时刻牢记"一方有难八方支援"；时刻对生活和生命心存感恩之心。

3.创新教学手段，实现寓德于教

高中英语教学任务比较重，所以高中英语教师一定要不断创新自己的教学方法，充分调动学生的注意力和积极性，引导学生能够跟随自己的思维去学习英语、思考问题。高中英语教师可以根据高中英语教材不同单元设置的不同话题内容去深层挖掘其中的德育因素，再灵活地运用任务型教学和3T教学方法等引导学生学而思、思而用，让学生能够在高中英语课堂上获得思想的启迪和道德的升华。

例如,在人教版高中英语选修六的第四个单元"Global Warming"中,高中英语教师在完成课文讲解以后,可以进行一个关于全球变暖的专题班会。高中教师通过网络收集各种关于全球变暖的图片、视频、音频等资料,然后在课堂上展示给同学们,让学生们认识到全球变暖对地球的危害,最后可以让学生讨论在生活中哪些地方减少碳排放,号召同学从自己做起,去保护我们的环境。这种方式不仅可以让学生进一步深入理解课文,更能引导学生树立起正确的世界观和人生观,在生活中不断规范自己的行为,让学生能够成为对社会有益的高素质人才。同时,专题班会的形式比较有趣,更容易让学生接收;视频、图片的展示可以让学生更加直观地感受到全球变暖的危害,能够给予学生更多震撼。

当然,以上只是简单的举例,在高中教师教学过程中还有许许多多的教学方法可以用于英语教学当中,英语教师应当结合高中英语教学的实际情况,不断探索最好最适合学生的教学手段,为学生呈现高效精彩的互动课堂。

三、结语

综上所述,在高中英语课堂教学中渗透社会主义核心价值观是非常有必要的,高中英语教师应当立足于课程标准,创设好的英语情境,不断创新教学手段,有效地将社会主义核心价值观融入高中英语教学课堂中。

参考文献:

[1] 丁淑贞. 新时期培养学生道德能力的时代价值[J]. 池州学院学报, 2016,(3).

[2] 罗春燕. 关于将社会主义核心价值体系融入中学教育的思考[J]. 世纪桥,2012,(3).

[3] 孙甫存. 如何把握社会主义核心价值体系 的教学[J]. 江苏高教,2015, (5).

[4] 王要文. 用社会主义核心价值体系引领高中学生价值观的树立[J]. 新课程(下),2011,(10).

[5] 肖静,张际松. 在高中英语课堂上构建社会主义核心价值体系的思考[J]. 社会科学论坛(学术研究卷),2016,(4).

浅谈社会主义核心价值观如何融入高中学科教学

作者: 罗远珍

摘要: 当前,随着社会主义市场经济的持续发展和经济全球化的发展,高中学生的视野不断开阔、思维更加活跃。学生的生活方式、价值观念也发生了变化。由于受到西方资本主义腐朽思想的蔓延,存在一些享乐主义、拜金主义、极端个人主义思想,这些思想影响了高中学生的价值判断与价值选择,价值取向定位模糊。因此,必须加强对高中学生的社会主义核心价值观的教育,而高中学科承担着立德树人的教育任务,所以在高中各学科教学中渗透社会主义核心价值观教育就尤为重要。

关键词: 高中;思想政治;社会主义核心价值观;情境教学;乡土资源

党的十八大报告提出,要加强社会主义核心价值观教育,倡导"富强、民主、文明、和谐"是国家层面的价值目标;"自由、平等、公正、法治"是社会层面的价值取向;"爱国、敬业、诚信、友善"是个人层面的价值准则,这凝练而厚重的24个字,就是社会主义核心价值观的"主心骨"。今天,随着社会主义市场经济的快速发展,各种思想文化相互交织,相互融合、相互渗透、相互碰撞与相互冲击,必须奏响文化的主旋律。因此要在高中各学科中渗透社会主义核心价值观,在具体的课堂教育教学中,我尝试以下几种方法进行社会主义核心价值观的渗透。

一、在学科教学目标中渗透社会主义核心价值观

马克思指出:"理论只要说服人,就能掌握群众;而理论只要彻底,就能说服人。"在高中各学科教学中,在重视理论教学时,要坚持以理服人,培养学生从感性到理性认识的能力。要根据高中学生的认知和情感发展特点,找准课堂教学目标与思想情感的切合点,渗透社会主义核心价值观,才能激发高中学生的情感认同。而社会主义核心价值观作为一个思想理论体系,在高中学科课堂教学中,为了体现其引导性、整体性,可以在高中各科教学中分别进行渗透。以高中政治

科目为例：如在高中政治教材必修一的《经济生活》中，企业的经营与发展、多彩的消费、劳动者就业、依法纳税、市场秩序等可以从个人层面进行教学，引导学生们要"爱国、敬业、诚信、友善"的价值准则。在学习公民的投资理财中，如储蓄存款、股票、债券、保险、如何维护劳动者在就业中的合法权益、收入分配与社会的公平、征税与纳税等知识点时，可以从社会层面进行教学，渗透"自由、平等、公正、法治"的价值取向。在讲解我国的基本经济制度，大力发展生产力、国家的财政与税收、全面建成小康社会、贯彻落实科学发展观、面对经济全球化、实施对外开放战略等知识点时，可以从"富强、民主、文明、和谐"的国家层面进行教学，培养学生家国情怀的价值目标，自觉维护国家的最高利益，提升关注人类命运共同体的责任感和使命感。[2]

又如在高中政治《文化生活》必修三中，在讲解中国传统文化的继承性与发展时，要注意对这些优秀传统思想文化进行挖掘阐释，找出其根源，让学生知道这些优秀传统思想文化在当今社会的积极作用与价值，才能提高学生的理解能力，增强他们高度的文化自觉与文化自信。2020年是全面建成小康社会的实现之年，我们要全面建成更高水平的、更全面的、惠及十几亿人的全面小康，就要从源远流长，博大精深的中华文化宝库中汲取营养、融会贯通，坚持在继承中发展，在发展中继承相结合的原则，把"古为今用"与"时代精神"相结合。中国的文学、艺术、建筑、美食等在世界范围传播，向世界传播中国的声音、中国的文化、表达中国的思想。在教学中通过这些教学目标的引入，把中华民族优秀的传统文化"内化于心，外化于行"。让学生自觉担当传承中华民族优秀文化的光荣任务，增强对中华文化强烈的认同感和归属感，才能彰显中华民族文化厚重的文化底蕴和强大的民族凝聚力。在《文化生活》第三单元第七课的教学中，可以给学生讲身边感人的爱国故事，讲邓小平、钱学森、雷锋等人的故事，让学生知道国家在革命、改革、建设的各个时期，有井冈山精神、长征精神、红岩精神、雷锋精神、大庆精神、抗洪精神、载人航天精神等。通过对这些教学目标的了解，让学生真正理解永恒的中华民族精神，并把中华民族精神发扬光大，把社会主义核心价值观国家层面的"富强、民主、文明、和谐"的价值目标恰当的融入教学目标中。增强学生的爱国热情，积极做社会主义的建设者和接班人。

二、在学科教学中创设情境,渗透社会主义核心价值观

新课程标准要求发挥学生的主体作用和教师的主导作用,坚持以人为本的教学理念,通过高中各学科的具体教学实践中,总结出高中学生们普遍都喜欢在促膝相谈的气氛中学习,情景教学能让他们在合作探究中,在无痕交流中激发学习兴趣。以高中政治学科为例,如在《综合探究:做好就业与自主创业的准备》可创设多个情境:

情景(一)分散与集中集合,课前让学生了解,收集并整理就业与自主创业的相关资料,各抒己见发表自己的观点。让学生辩论:在就业与自主创业时,是投机赚钱重要还是提高自身的素养重要?通过辩论,让学生在探究活动中提炼观点,在比较鉴别中确认观点。从而树立正确的世界观,人生观、价值观,明确个人层面的价值目标追求。

情景(二)在怎样就业与创业中,可以让学生们分析哪些人不具备自主创业素质?在创业中如何提高自身的素质?在自主创业时要考虑到哪些因素?引导学生思考讨论,让学生的社会活动要符合国家,社会,个人的要求,真正做一个有涵养的新时代的劳动者。

又如:在必修一《经济生活》中,在学习到"多变的价格"时,教师可以结合当前国际物价的不断变化展开教学,从学生关心的时政热点为切入口,来吸引学生注意。从宏观到微观,在现实生活中,尤其是在高考来临之前,一些文具店老板为了追求利润,有意识地提高考试用品价格,由此出现社会中的"价格欺诈"、"唯利是图"、"不公平交易"等现象。让学生对这些现象进行讨论与辨析,学生在辨析中很自然地将这些不良的现象与"诚实守信"结合起来,一场围绕"诚信做人"的讨论便在学生中展开,道德诚信教育也就很好地渗透在"爱国、敬业、诚信、友善"的个人层面上。通过这样的情景教学方法,有利于培养学生们诚实做人,诚信做事,做一个遵纪守法的好公民。

三、在挖掘本土资源中,将社会主义核心价值观渗透到学科教育中

在高中学科教育教学中,各学科教师都可以立足本土教材,对本土教材进行挖掘,本土教材是社会主义核心价值观很好的载体,可以很好地拉进与学生间的

距离,使教学活动更有效,更生动,真正的让课堂活起来。如在学习讲解高中政治《文化生活》必修三"文化的多样性与文化传播"时,可以充分地挖掘罗甸县的优秀本土资源。如位于罗甸县董当乡的大小井景区、高原千岛湖、"三叠纪"大贵州滩景区。在教学中渗透这些本土教材,能让学生体会到家乡历史文化的深厚,增强对自身民族、本土文化的自觉与自信,真正践行"爱国、敬业、诚信、友善"的个人层面的价值准则。

罗甸还是一个少数民族聚居的地方,有许多完整而丰富的民族服饰、文化活动。民间艺术也是丰富多彩,有布依歌、山歌、芦笙舞、夜乐舞等。还有获得罗甸地理证明商标的"罗甸玉"等本土教材,通过这些本土教材,在高中各个学科中进行渗透,让学生深刻领悟家乡对于自身成长的独特意义,形成爱家报国的价值目标。

社会主义核心价值体系作为凝魂聚气,强基固本的基础性工程,要发挥其引领社会思潮、凝聚社会共识的社会作用。我们既要尊重差异、又要包容个性,增强抵制各种错误思想的影响,才能增强社会主义核心价值观的吸引力和凝聚力。因此,在高中各学科教育中融入社会主义核心价值观,既能帮助高中学生形成社会主义核心价值观,又能逐步引导学生树立正确的世界观、人生观和价值观,成为一代又一代有理想、有道德、有文化、有纪律的"四有"公民。

参考文献

[1]《高中政治课渗透社会主义核心价值观教育探微》

[2]《高中思想政治课堂教学中渗透社会主义核心价值观》

[3]《高中政治教学中渗透德育教育的策略研究》

[4]《社会主义核心价值观融入高中政治课教学策略探析》

浅析社会主义核心价值观
在高中思想政治教学中的渗透

作者: 张季萍

摘要:面对当今部分中学生价值观念缺失,在高中思想政治新课标的要求及国家提出社会主义核心价值观的背景之下,高中思想政治学科教学中渗透社会主义核心价值观已经成为提高中学生思想道德建设重头戏。在高中思想政治学科教学中渗透社会主义核心价值观需要把学生的具体实际情况与教学内容完美的结合,最终让学生切实提高参与现代社会生活的能力,逐步树立建设中国特色社会主义的共同理想,初步形成正确的世界观、人生观、价值观,为终身发展奠定思想政治素质。

关键词:社会主义核心价值观;思想政治;中学生

一、背景

现如今,对于部分中学生的负面评价似乎越来越多:校园欺凌、殴打教师、旅游时的不文明行为等等。均源于部分中学生思想消极,政治、法律意识淡薄,在自己价值取向上积极与消极并存,产生信仰危机。同时,对于中国传统文化、传统思想、中华民族精神则不屑一顾。如:国家把清明、端午、中秋、春节这些传统节日作为国家的法定节假日,其目的是让人们传承优秀的传统文化,发扬传统民族节日,可对于学生而言仅仅意味着放假,反而西方的情人节、平安夜、圣诞节却过得非常隆重。由此可见,全球化给学校教育工作带来了前所未有的压力与挑战,盲目推崇西方观念,追求个人目标充斥着当代中学生的精神世界和物质世界。在全球化的时代背景下,为了适应新形势,为了让学生认清形势,对于西方国家不怀好意的意识形态的渗透,在高中思想政治学科教学中渗透社会主义核心价值观已经成为加强中学生思想道德建设的紧迫任务。

二、社会主义核心价值观的提出

2006年10月,党的十六届六中全会第一次明确提出了"建设社会主义核心价值体系"的重大命题和战略任务,明确提出了社会主义核心价值体系的内容。2012年11月,十八大报告明确提出"三个倡导"。即"倡导富强、民主、文明、和谐,倡导自由、平等、公正、法治,倡导爱国、敬业、诚信、友善,积极培育社会主义核心价值观"。2013年12月,中共中央办公厅印发《关于培育和践行社会主义核心价值观的意见》,明确要求"把培育和践行社会主义核心价值观融入国民教育全过程",要"从学校抓起"。

三、社会主义核心价值观的内容

社会主义核心价值体系包括四个方面的内容,即:马克思主义指导思想、中国特色社会主义共同理想、以爱国主义为核心的民族精神和以改革创新为核心的时代精神、社会主义荣辱观。社会主义核心价值观是社会主义核心价值体系的高度凝练和集中表达。在我国现阶段,富强、民主、文明、和谐是国家层面的价值目标,自由、平等、公正、法治是社会层面的价值取向,爱国、敬业、诚信、友善是公民个人层面的价值准则。

四、高中思想政治新课标要求

作为人文科学的思想政治教育是社会主义核心价值观教育中的主要阵地,对学生的社会主义核心价值观教育有着巨大的优势,既要有许多爱国主义的宣传,也有着许多追求民主法治的思维,更有诚信友善的道德教育。普通高中思想政治课程标准(试行)提出思想政治课教学必须着眼于当代社会发展和高中学生成长的需要,增强思想政治教育的时代感、针对性、实效性和主动性。高中思想政治课以社会主义物质文明、政治文明、精神文明建设常识为基本内容。让学生领悟辩证唯物主义和历史唯物主义的基本观点和方法,切实提高参与现代社会生活的能力,逐步树立建设中国特色社会主义的共同理想,初步形成正确的世界观、人生观、价值观,为终身发展奠定思想政治素质。

五、高中思想政治教学过程中对社会主义核心价值观的具体事例

高中思想政治必修课本内容分别是《经济生活》、《政治生活》、《文化生活》、《生活与哲学》,这四本书均有社会主义核心价值观的体现,以《经济生活》中《树立正确的消费观》为例,《树立正确的消费观》这个框题中主要包括两个方面的内

容:消费心理(从众、求异、攀比、求实心理)和做理智的消费者(量入为出、适度消费、避免盲从、理性消费、保护环境、绿色消费、勤俭节约、艰苦奋斗)。这些内容中均有社会主义核心价值观的体现。本框题课前备课和教学过程中,在注重教学过程设置的同时,还需在新课标的要求之下找到与学生生活相关的例子,让学生产生共鸣。

如:在"保护环境、绿色消费"知识点讲解时,采取图片材料及学生自述身边所见所闻,再以央视公益广告《垃圾分类》视频提升学生的思想感悟,从而明白人与自然需要和谐相处,而保护环境不是别人的事,作为学生的我们就可以做到,成为新时代所需要的文明少年。

在"勤俭节约、艰苦奋斗"知识点讲解时,利用比尔盖茨的事例及温家宝总理的话"任何一个小数乘以十三亿就是一个大数;任何一个大数除以十三亿就是一个小数。"引起学生的共鸣,再以央视公益广告《请节约粮食》将学生的思想情感提升到一定的高度,每天浪费的粮食数量之大,明白在自己之后的生活之中应该要做到"勤俭节约、艰苦奋斗",并且在任何时候它都不会过时,因为以艰苦奋斗为荣、以骄奢淫逸为耻,是社会主义荣辱观的体现;是社会主义现代化建设的需要,是国家和民族的精神象征;是中华民族的传统美德,是我国人民的传家宝;艰苦奋斗作为一种精神财富,任何时候都应该发扬光大。

总的来说,高中思想政治教育是渗透社会主义核心价值观和帮助学生树立正确的世界观、人生观、世界观的主要阵地,在教育教学的整个过程都需让学生明白富强、民主、文明、和谐;自由、平等、公正、法治;爱国、敬业、诚信、友善这是每个公民都需具备的价值观念,从而成为社会主义建设的合格接班人。

高中政治教学中渗透社会主义核心价值观的思考与实践

作者: 黄 昊

摘要:社会主义核心价值观是引领当今我国社会发展的核心价值理念,它会影响高中生人生价值观的形成。在高中阶段有意识的对学生进行社会主义核心价值观教育,培养其形成正确的人生价值观非常重要。为此,政治老师责任重大。

关键词:高中政治;社会主义核心价值观;教学案例

我国的改革开放为国人打开了一扇窗,人们呼吸了新鲜空气的同时也难免飞进几只苍蝇和几片炫丽的罂粟花。为此,有人断然弃绝,有人全盘接受;有人熟视无睹,有人惘然无觉;有人盲目向往,有人警醒正视。我国公民的社会观念已经发生了深刻的变化,人们的社会价值理念更加多元化、复杂化。不可忽视,有些人信仰缺失,如拜金主义、享乐主义、崇洋媚外。更有甚者,有些人在自觉与不自觉中成为国外别有用心的政治利益集团侵犯我中华的工具,分裂祖国的旗手,为侵略者背书[1]。高中阶段是学生形成人生价值观的一个重要时期,青年学生的个人价值观对自己以后的个人发展和国家存亡有重大的影响。因此,高中政治老师有责任帮助学生形成正确的价值观,为学生将来如何适应社会打下坚实的思想基础。

一、培养青年学生践行社会主义核心价值观:我们政治老师责任重大。

社会主义核心价值观是引领当今我国社会发展的核心价值理念,它会影响高中生人生价值观的形成。在高中阶段有意识的对学生进行社会主义核心价值观教育,培养其形成正确的人生价值观非常重要。为此,政治老师责任重大。

老师如何精准把握核心价值观的渗透点,运用正确的教学方法,在日常教学

118

过程中有意识地把教材内容与社会主义核心价值观结合起来进行教学。在润物细无声的过程中，帮助学生将社会主义核心价值观内化于心、外化于行、知行合一。要做到教法得当、教学有效，考验每一位老师的教育智慧、耐心和责任。

二、如何认识社会主义核心价值观：要站在时代的高度去审视

"社会主义核心价值观是引领我国社会主义发展目标正确的指导思想，是我国社会主义精神文明的落脚点，是社会主义价值的高度凝练，是人民精神的最大公约数。"[2]这是我党结合当代中国实际情况凝集全社会共识对中国当代历史使命的高度概括。

社会主义核心价值观的建设目标主要有三个层面：第一层面是建设"富强、民主、文明、和谐"的社会主义国家；第二层面是建设"自由、平等、公正、法制"的社会主义社会；第三层面是培养"爱国、敬业、诚信、友善"的社会主义公民。自觉接受社会主义核心价值观教育，为实现国家富强、人民安居乐业和社会进步，和中华民族的伟大复兴而奋斗是我们当代中国人民的历史使命也是责任担当。社会主义核心价值观贯穿于社会主义价值体系建设的各个层面，对人民、对社会、对国家都具有较大的影响。

三、在高中政治教学中渗透社会主义核心价值观：要具体案例具体分析

首先，高中政治教材为社会主义核心价值观教学提供了落脚点。

高中思想政治教师要在日常的教育教学中深入剖析教材，发现教材中隐含社会主义核心价值观的内容，找到两者"结合点"，即渗透点。有效落实社会主义核心价值观教育。

例如：经济生活第一单元《综合探究：正确对待金钱》，就是一篇突出社会主义核心价值观引导型的综合探究课。要求我们老师通过教学，引导学生了解、认识和树立社会主义核心价值观。通过探讨"如何获得金钱"，懂得君子爱财取之有道：在做守法公民时践行了自己的爱国情怀；在诚实劳动中体现了诚信的人品；在合法经营致富中阐释敬业的精神。通过探讨"怎样使用金钱"，知道金线要用之有度有益，做到人与人、人与自然、人与社会、人与家国的友善。

其次，有效教学要求教师设身处地为学生创设必要的教学情境：学生身临其境以致有感而发。

在师生平等中拉近与学生的心理距离；在促膝相谈的氛围中进行无痕的交流。创设情境有利于吸引学生自主合作探讨，在合作探究过程中实现学生感知、理解而认同社会主义核心价值观。

请看《综合探究：正确对待金钱》创设的两个情境：

情景一：各抒己见：辨析"金钱是天使还是魔鬼"？

学生在讨论中会发生激烈的价值冲突，促使学生在辩论中据理力争，激发学生在思辨中为自己潜在的思想观念进行辩护的激情。有利于学生在激烈的思想观念碰撞中比较、鉴别、提炼观点，从而理解、认同社会主义核心价值观。

情景二：各抒己见：探讨"怎样花钱？"

在平常的学习中我们了解国内的某些富豪及其孩子是如何花钱的？是"肆意挥霍、奢侈无度"；再看看世界首富比尔·盖茨是如何花钱的？是这样的"非常节俭"。

通过国内的某些富豪及其孩子的"小富而奢"与比尔·盖茨的大富却俭正反鲜明对比，冲击力强。以谁为榜样？学生心里已经有了自己的价值判断。学生明白了金钱要用之有度有益，消费要科学、适度、理性，在金钱使用的社会价值上作出有益的取舍，追求更高的人生价值境界。从而达成落实本课的情感态度价值观教育目标。

最后，社会主义核心价值观教育要做到书本教育与榜样模范教育相结合。

过度的说教，语言是苍白无力的；而榜样的行为示范却能达成上行下效的效果。因此，社会主义核心价值观教育要做到书本教育与榜样模范教育相结合。

在现实生活中，有的人有钱了就去炫富、吸毒、赌博等；有的人富了就去做慈善。前者为人不齿，后者令人敬仰。

李连杰设立壹基金为灾害救助、儿童关怀和公益人才培养服务；马云捐赠巨额善款回馈社会消除因首富增添的烦恼，他们都是我们身边慷慨的慈善家，是我们学习的榜样，是我们效仿的模范。在他们的身上，我们感受到了财富的正能量。有了财富，我们该怎么去发挥财富的正面价值？通过学习与辨析，培养学生的价值判断和价值推理能力，理解钱应用之有益。

何为慈善？慈善就是仁德与善行的统一，就是友善地对待他人、自然、社会与国家。慈善有利于亲近他人、家庭和睦和社会和谐。博爱仁义、扶危济困和乐善好施是中华民族的传统美德。同学们通过案例分析，传统美德是否应该得到继承和弘扬？社会责任是否应该有所担当？我想同学们的心里已经有数了。

当同学们真正把个人理想与中国梦结合起来，用行动诠释自己"爱国、敬业、诚信、友善"的行为素养，为推动实现"自由、平等、公正、法治"的社会价值目标，实现"富强、民主、文明、和谐"的国家价值目标而奋斗时，我们才能获得真正的自由与幸福。我们的社会主义核心价值观教育才真正见到成效。

"在政治课中融入社会主义核心价值观是教育与思想灵动的吻合、具有得天独厚的优势"[3]。高中政治教材蕴藏丰富的对高中生进行社会主义核心价值观的结合点，只要老师深入分析，教法得当，就能在交流中与学生产生共鸣，收获意想不到的效果。

参考文献：

[1]朱红霞.高中思想政治课中价值观教育的包容与坚持[J].才智,2016,26:46-47+49.

[2]2014年3月9日中共中央《关于培育和践行社会主义核心价值观的意见》

[3]李彰有.试论政治课教学落实社会主义核心价值观教育的优化策略[J].教师教育论坛,2015,12:57-60.

"文化生活"教学中渗透社会主义核心价值体系初探

作者: 韦 鹏

摘 要: 社会主义核心价值体系是社会主义制度的内在精神之魂,在社会主义价值体系中处于统领和支配地位,是社会意识的本质体现,它体现社会意识的性质和方向,是社会意识形态大厦的基石。建设社会主义核心价值体系具有重要意义。

关键词: 高中思想政治课;社会主义核心价值体系;教育方法

随着我国社会主义事业的不断推进,人们的思想观念发生了很大的变化,市场经济的逐渐发展,网络文化的负面影响导致许多的人出现了拜金主义、享乐主义以及信仰的缺失等情况。高中处于人生中比较重要的一个阶段,正是思想价值观形成的重要时期,因此在高中阶段对高中生进行思想教育和正确价值观、人生观、道德观的培养较为重要,而政治老师有义不容辞的重任。

社会主义核心价值体系对高中生具有非常重要的意义,而政治课可以作为教授核心价值观的主要渠道。在高中政治课中融入社会主义核心价值体系的教育是灵动吻合、具有得天独厚的优势。政治课本来就涉及政治思想的内容,对于高中生在政治课中进行社会主义核心价值体系的教育更为便利,但也需要老师采取正确的方法,以便于价值观的深入学习,达到教学的目的。

所谓价值体系是由一定社会崇尚和倡导的思想理论、理想信念、道德准则、精神风尚等构成的社会价值认同体系。在这个体系中居核心地位、起主导和统领作用的就是核心价值体系。而社会主义的核心价值体系是社会主义意识形态的本质体现,是全党全国各族人民团结奋斗的共同思想基础。坚持社会主义核心价值体系要求我们必须巩固马克思主义指导地位,坚持不懈地用马克思主义中国化的最新理论成果武装全党、教育人民,用中国特色社会主义共同理想凝聚力量,用以爱国主义为核心的民族精神和以改革创新为核心的时代精神鼓舞斗志,用社会主义荣辱观引领风尚,巩固全党全国各族人民团结奋斗的共同思想基础。

社会主义核心价值体系是社会主义制度的内在精神之魂,在社会主义价值体系中处于统领和支配地位。是社会意识的本质体现,它体现社会意识的性质和方向,是社会意识形态大厦的基石。建设社会主义核心价值体系具有重要意义。

作为普通的教育工作者,尤其是思想政治教师,在教学过程中逐步渗透社会主义核心价值体系,让学生在潜移默化中树立社会主义荣辱观,接受爱国主义教育也就凸显其重要性。

高二上学期,学生将接触到高中政治"文化生活",教师应结合社会主义核心价值体系的相关原理,努力探索并提高"文化生活"的教学质量,同时升华学生的思想境界。

一、在《文化与生活》的教学中,渗透社会主义荣辱观思想

社会主义荣辱观是社会主义核心价值观体系的基础,第一单元中蕴含着丰富的荣辱观教育素材与资源,挖掘切合教育教学目标的教学资源并利用恰当的教育契机,是加强对学生社会主义荣辱观教育的重要途径。"体味文化—文化与政治经济的关系—文化对人的影响",这些知识学生自主学习结束后,结合综合探究"聚焦文化实力和竞争力"让学生讨论,加深学生对文化塑造人生,文化日益成为综合国力竞争的重要因素等知识的理解,从而让学生进一步树立"要努力为提高国家文化实力和竞争力而奋斗"的光荣,努力增强社会主义荣辱观思想。在掌握文化对人的影响以后,让学生讨论"怎样接受正确的文化的洗礼",从而让学生明确为只有中国特色社会主义文化才是我们要坚持的主流思想,要坚持的中国特色社会主义文化,努力为增强国家文化实力和竞争力而不断奋斗。

二、在《文化传承与创新》的教学中,渗透改革创新意识

以爱国主义为核心的民族精神和以改革创新为核心的时代精神是社会主义核心价值体系的精髓。在文化如何创新的教学中,如果细心研究,就可以发现有许多知识可以培养中学生改革创新意识。不同的创新途径,都是追求文化创新

的方式,同时还要继承优秀的传统文化。让学生了解"继承—发展—创新"的内在关系,明确有创新必有继承,树立创新意识,克服保守思想,为将来工作的开展奠定理论基础,从而激发学生的对政治学科学习兴趣,提升理论联系实际的能力。作为文化工作者,要想实现事物的创新,都涉及优秀传统文化的继承,尤其是中华民族优秀的传统文化,要明确加强学习,关注传统,重视交流,反对崇洋媚外、民族虚无主义,明确加强文化交流、重视本民族传统在现代社会中的价值,充实改革创新意识的内涵,树立创新观念。

三、在《中华文化与民族精神》的教学中,渗透爱国主义教育

从源远流长和博大精深的中华文化中可以看出中华民族五千年的灿烂文化,让学生本着主人翁态度和强烈的社会责任感来了解中华文化、中华民族精神的作用。理解中华民族精神是中华文化的精髓,维护民族团结,坚持爱国主义思想是公民的基本义务,增强公民国家意识,也是加强爱国主义精神教育的一个重要方面。通过中华民族精神的宣传与教育,配合讲解分析教材中相关的爱国案例,让学生懂得公民应认同本民族文化,高举爱国主义的伟大旗帜,肩负起中华民族强基固本的文化使命,努力铸造中华文化的新辉煌。

四、在《发展中国特色社会主义文化》的教学中,渗透坚持马克思主义指导思想

树立社会主义核心价值体系,必须坚持马克思主义的重要指导思想。在马克思主义思想的指导下找到了一条适合本国具体国情的中国特色社会主义文化发展道路,其中之一就是必须努力探索并坚持发展中国特色社会主义文化,结合社会主义基本制度(包括经济制度、政治制度等),发挥社会主义文化的长处,同时又有利于社会主义文化优越性的发挥。虽然目前世界文化发展中各种性质的文化交织在一起,各种文化良莠不齐,拜金主义、享乐主义、恐怖主义、民族主义等都使世界文化问题更加复杂。但是面对这种形势,中国文化的发展依然在坚持自己正确的道路上前进,令世界各国瞩目,其中就有一个原因,是因为我们坚持了马克思主义思想在意识形态的指导地位,并进一步发展了马克思主义,把马克思主义跟中国国情相结合,形成了马克思主义最新理论成果,坚定地走中国特色社会主义文化发展道路,努力的建设社会主义文化强国。

社会主义核心价值体系对于高中生的思想价值观念的形成具有较为重要的影响,而在进行核心价值体系的教授过程中需要老师找准融入的位置,找到正确的方法,使得授课具有较高的效率,从而使学生能够很好地接受,潜移默化地影响学生的思想,为以后的发展提供良好的思想基础。

高中历史学科渗透社会主义核心价值观初探

作者:陈国赟

摘要:自十六届六中全会将"建设社会主义核心价值体系"作为一个科学命题以及战略任务提出来之后,研究社会主义核心价值观的践行和培育,成了社会各界广泛关注以及重点讨论的话题。高中阶段是个人价值观形成与发展的关键期,对高中生渗透社会主义核心价值观培育是进一步巩固马克思主义意识形态领域的指导地位,促进人全面发展的关键举措。社会会主义核心价值观教育需要丰富饱满的教材,而历史教育正是一座丰富无比的宝藏。本文对高中历史渗透社会主义核心价值观的教育目标、实践探索以及高中历史渗透社会主义核心价值观的反思等进行相关探讨。

关键词:社会主义核心价值观;高中历史;渗透;必要性;初探

作为我国学科体系重要组成部分的历史学科,具有深厚的人文底蕴,是开展传统文化与政策形势教育、渗透社会主义核心价值观培育、提升学生综合素质的重要载体。因此,对高中历史学科中渗透社会主义核心价值观培育、深入挖掘其中的社会主义核心价值要素,具有十分重要的理论价值与现实可行性。

一、社会主义核心价值观的界定

2007年底,中共十七大报告上第一次提出社会主义核心价值体系,当时的胡锦涛总书记强调,要不断"建设社会主义核心价值体系,增强社会主义意识形态的凝聚力和吸引力"。社会主义核心价值体系开始走入人们的视线。2011年10月,中共十七届六中全会上,强调了社会主义核心价值体系的重要性,并认为其对中国特色社会主义的发展方向起着决定性的作用,是兴国之魂、先进文化的精髓。2012年11月8日,中共十八大报告中,提出"倡导富强、民主、文明、和谐,倡导自由、平等、公正、法治,倡导爱国、敬业、诚信、友善,积极培育社会主义核心价值观"的"三个倡导"。此后,中共十八大对社会核心价值观进行了重新概括:富强、民主、文明、和谐、自由、平等、公正、法治、爱国、敬业、诚信、友善，从国家、社会和个人三个层面对社会主义核心价值观进行了全面概括。这短短的12个词组、24个字是在吸收中国传统文化与世界文化优秀资源，立足改革开放历史与建设小康社会的时代特点基础上提出的，蕴含了社会主义最根本、最核心、最关键的价值观念，使得这样的表述更通俗易懂，更易于为广大人民群众所接受。

价值观，"总的来说是人们对价值问题的根本看法，是人们在处理价值关系时所持的立场、观点和态度的总和"[1]。核心价值观，即在价值观体统中处于统治地位、起支配作用的价值观。它是一个民族文化的精髓、一个国家精神的核心、一个社会的灵魂。"富强、民主、文明、和谐"，是国家层面的价值取向，涵盖了政治、经济、社会、文化以及生态领域，是我国现代化建设的目标与总体布局。"自由、平等、公正、法治"，为社会层面的价值取向，"体现了中国特色社会主义的基本属性，也体现了现代社会的基本精神和价值追求"[2]。"爱国、敬业、诚信、友善"，为公民层面的就揍着取向，是我国广大人民的价值要求以及道德准则，"是国内广大人民在日常生活过程中所必须具备的基本道德规范和必须遵循的基本行为准则"[3]。

二、高中历史渗透社会主义核心价值的重要性及必要性

新课标中明确提出，历史学科具有工具性以及人文性相统一的特点。历史知识蕴含着中华民族悠久的历史，是民族优秀文化的直接体现。高中历史学科身兼学生造就文化精神的重任，通过历史知识的学习能够博通古今、提升学生的思维能力。价值观存在于人类社会中，是一种固有的文化现象，日积月累的影响着人们的行为。高中历史知识的学习，经常会碰触到中华民族文化中最精华的部分，而价值观也正是这个民族千百年来思想文化精髓的积淀。社会主义核心价值观是中华民族优良传统以及时代凝聚的文化精华，代表着人类文明和文化的进步，是我国民族文化的最高境界。高中历史教学，正是通过历史这门学科将人类优秀文化传递下去，为社会主义培养具有民族精神和民族文化的接班人。

---

① 陈章龙、周莉：价值观研究[M].南京：南京师范大学出版社，2004.

② 蔡丽华、李忠新：试析社会主义核心价值观的培育路径[J].黑龙江高教研究，2015(5).

③ 艾国："基础"课落实"三个倡导"的几点思考[J].思想理论教育导刊，2013(6).

培育学生的目标是德智体美劳全面发展，排在首位的是德育，可见其重要性，而社会主义核心价值观正是德育教育的重要内容。价值观决定了人们对于是非的争取判断，价值观一旦扭曲，人们便会善恶不分。社会主义核心价值观，在继承了中国优秀传统文化的基础上，学习并吸收了西方文化中的精髓，并与我国社会主义建设实际相结合，具有浓厚的时代特征。没有价值观的民族是暗淡无光的，将价值观的塑造提升到一定高度，符合学生教育的政治导向。学生在高中阶段正处于人生成长中的敏感期，人生价值观初步形成，不断接受新事物、抛弃旧观念，在抉择中确立自己的价值观。此时对学生进行社会主义核心价值观的培育，历史课堂便是一个很好的平台，在高中历史学科中渗透社会主义核心价值观正符合学生发展的身心特点，也更容易被学生所接受，以达到预期效果。

　　以铜为镜，可以正衣冠；以人为镜，可以明得失；以古为鉴，可以知兴替。历史是人类发展的镜子，脱离历史学科的价值观教育缺乏人文知识为依托，毫无说服力，难免成为空洞的说教，教师教授的苍白无力，学生吸收的障碍重重。将价值观培育渗透于历史教学的整个过程中，社会主义核心价值观的教育本身就是与历史教育密不可分的，相互依存，融会贯通，最终达到完美结合，从而取得良好的社会效果。

三、高中历史渗透社会主义核心价值观的教育目标

　　培育青少年良好的公民意识。加强公民意识的教育是实现人的现代化的基础和途径，做一名合格的公民，指的是人们对其自身地位、权利义务以及其实现的认识水平。公民性品格的主要内容是：在价值取向上，表现为自主自律、自由、自觉的主体价值要求。强调权利本位、主体价值和自由精神；在行为方式上，表现为个性，参与、创造，开拓；在共同生活中，表现为高度的角色意识、社会责任感和社会主义公共精神。①这便要求我们学生在日常生活中要时刻有自律意识。高中生还应具备良好的公德意识，指在自己一定的社会公共生活中应当遵守最基本、最简单的生活准则和行为规范的自觉意识。这便要求学生，在处理人与人之间关系的时候要：自尊并尊重他人、举止文明、与人为善、诚实守信、乐于助人；在处理人与社会之间关系的时候要：讲卫生、遵秩序、不大声喧闹；在处理人与自

---

① 张研秋：思想政治工作研究[J].理论月刊,2007(11).

然关系的时候要：爱护环境、尊重生命、减少污染。

　　培育学生科学价值观与人文价值观。"培养学生具有科学态度，科学世界观，科学人生观。拥有能够正确认识自己，认识他人，认识人类社会和自然界并处理好它们之间关系的品质和能力。拥有一个智慧的大脑，并成为一个在精神上永远幸福的人"①。培养人的全面发展，强化其科学精神的教育至关重要，在进行科学教育的同时，构建完善的精神世界。人文精神是对民族、对人的生存意义、价值、精神的追求与确认，是人们对其自身的一种最深切的精神关怀。我国的高中历史学科中的价值观培育，具有深厚的文化底蕴以及丰厚的精神内涵，有着正确的人文主义价值导向。在高中历史学科中，将科学精神与人文精神有机相结合，可以形成符合时代要求的综合素质。

　　培养高中生的共产主义价值观。实现共产主义理想是我党的最高纲领，更是人类的共同愿望。共产主义的基本要求是："坚定的共产主义信念，忠于共产主义事业，全心全意为人民服务，一切从最广大人民群众的根本利益出发，大公无私，公而忘私，对工作极端负责，对同志极端热忱等等。也就是：全心全意为人民服务的公仆精神，大公无私的奉献精神，严以律己的自律精神"②。我们走中国特色社会主义道路，就要培育学生树立共产主义理想与目标，这样，我们才能更加坚定地走中国特色社会主义道路，实现共同富裕。

四、高中历史渗透社会主义核心价值观的实践探索

　　笔者通过问卷调查的形式，总结出高中历史学科中渗透社会主义核心价值观的现状及原因。大部分学生对24字的社会主义核心价值观内容知之甚少，之用少数学生能够大概说出部分词组，在当代教育中，能够对"公民"一次深刻了解的学生更是少之又少。而在对教师的调查中，发现也只有一部分教师知道社会主义核心价值观的具体内容，但在价值观的培育过程中，受我国应试考试制度所限，很难施展自己培养学生德智体美劳全面发展的素质教育的报复。

　　究其原因，首先，应试教育体制下缺乏对高中生进行价值观教育的重视。价值观的教育虽重要，但在高中历史新课标中并没有得到相应的重视。应试教育

---

① 吴天武：论人化教育[J].教育探索，2004(1).
② 余保华：我国学校价值观教育：内涵、目标与原则[J].天津市教科院学报，2007(10).

下,家长以及学生关注的只是考试成绩,可以考上什么大学,学校也将教育中心围绕在高考上,取得高分才是王道。高中历史作为高考的主科之一,不言而喻更加注重的是分数,自然淡化了价值观的培育。其次,教师在具体教学实践中对高中生价值观教育的忽视。受高中历史课本中的教材所限,教师对价值观的培育只能在摸索中前行,主观性及随意性较大,甚至被有的教师直接抹去。而价值观教育在教学过程中处于从属地位,教师若花更多的精力来进行价值观的培育,而相应减少了历史知识的系统教育,则必然在应试教育中难以取得很好的分数。因此,在高中历史学科中渗透社会主义核心价值观的方法,尚需要系统的理论做指导。最后,历史教材中社会主义核心价值观内容更新滞后。历史教学中必须尊重学科教学的内容和进度,决不会为了价值观教育的需求来增减内容,教师只能根据现有教材来进行挖掘。调查中发现也有很多教师想在历史教学中渗透社会主义核心价值观的培育,但没有相应的教材,强行加入自己的主观意愿,最怕因此耽误了历史教学的正常进度,处于两难境地。

五、高中历史渗透社会主义核心价值观教育的反思

社会主义核心价值观教育的渗透,应注意选择不同的教学策略,根据教学情境的不同采取适当的价值观教育的、符合其特定规律的方法。

首先,课堂是进行社会主义核心价值观教育的主要场所。一天中的大部分时间,学生都是在课堂中度过的,课堂便成为培育价值观的主场所,充分利用好课堂上的时间,来渗透价值观培育。对学生渗透良好价值观的前提是,创设恰当合理的情境,以情感人,用心说话,这样比单纯的说教往往更具说服力。在高中历史课堂中,用真情实感去感染学生,用立体形象去打动学生,从而在心灵上的引起学生的思想共鸣。在此基础上,教师从渗透价值观培育角度出发,用心编写教案,从思想上引导学生对价值观形成强烈的认同感。

其次,渗透社会主义核心价值观不能脱离学生的实际生活。高中历史课程,应活学活用,根据教学的需要,适当地进行相应的实践活动,把教材的内容,与学生的实际生活,紧密联系起来,通过社会实践与体验,从而深刻领会教学内容,加深社会认知,让历史与现实相结合,使历史知识与具体应用相联系,从中体会社会主义核心价值观的存在意义。如若单纯依靠教材所提供的有限素材来认知并解读当今社会,以进行社会主义价值观教育,针对性、说服力都有一定的局限性,这样很容易与学生的认知需求相脱节。因此,教师应开阔眼界,深挖当今热点问题、典型案例、敏感事件以及主流趋势,作为教材以外的补充内容,既能加大教学量,对教学内容理解更加深刻,又能丰富社会主义核心价值观培育内容,更具针对性,更有时代气息,更易于学生对知识的吸收。

六、结语

所谓教书育人,不仅仅是要让学生学习到课本中的文化知识,更要教会学生如何做人,成为可塑之才,做一个对社会有用之人。历史教育重在教书,价值观培育重在育人,历史教育与价值观教育,相辅相成,相得益彰,是相互依存、不可分割的两个方面。社会主义核心价值观教育,是培养学生综合素质的重要方面,需要各个学科的相互配合,共同完成,然而,历史教育所肩负的责任最为重大。新世纪新时期,面临着诸多价值观的矛盾冲突,有传统与现实的冲突,有现实与利益的冲突,因此,培养学生认知正确的价值观,在高中历史教学中渗透社会主义核心价值观,是教育改革的需要,是时代的需求。

高中历史教学中渗透爱国主义教育

摘 要:爱国主义是中华民族的优良传统,也是21世纪全面实现小康社会,实现祖国繁荣昌盛的思想武器,是贯穿在历史教育教学中的一条主线,也是历史教学中的永恒主题。在高中历史教学中不断渗透爱国主义教育既是高考大纲的要求之一,也是不断培养学生正确的爱国主义情怀的重要手段,从历史的长河中理解什么是真正的爱国,如何爱国。本文将结合历史教学的特点,着眼于当下社会中的历史现象展开讨论,理论联系实际等方面讨论在高中历史教学中如何不断地渗透爱国主义教育。

关键词:高中历史教学;渗透;爱国主义教育

爱国主义是中华民族的优良传统、也是炎黄子孙的优秀美德,更是对整个中华民族精神的一种生动诠释。民族精神则是中国社会主义革命胜利和建设的精神动力,也是伟大的中华之魂。正如列宁所指出:它是人的"千百年来巩固起来的,对自己祖国的一种深厚感情。"钱穆曾在他的《国史大纲》中这样写道:"一、当信任何一国之国民,尤其是自称知识水平线以上之国民,对其本国以往历史,应该略有所知。二、所谓对其本国以往历史略有所知者,尤必附随有一种对其本国以往历史之温情与敬意。三、所谓对其本国以往历史有一种温情与敬意者,至少不会对其本国以往历史抱有一种偏激的虚无主义,二将我们当身种种罪恶与弱点,一切诿卸于古人。四、当信每一国家必待其国民具备以上诸条件者比较渐多,其国家乃再有向前发展之希望。"作为一名历史教师,也作为一名国民,在历史学习和历史教学中更应该不断加强自己对于爱国主义的理解与践行。

一、乡土资源,感受身边的爱国情怀

爱国必先爱家,热爱养育自己的家乡是热爱我们伟大祖国的出发点,爱家乡必先了解家乡的历史发展,通过身边的历史故事从而使学生从内心深处产生一种对于自己家乡的认同感与归属感,继而上升到热爱自己的祖国。罗甸县地处黔之南麓,与广西相接壤,民国时期,滇黔桂地区军阀混战,民不聊生。1929年12月,邓小平、张云逸等老一辈革命家在广西发动了百色起义,创建了中国工农红军第七军,烈火从左右江流域燃烧到红水河两岸。1930年,根据党中央的指示,邓小平、张云逸、李明瑞率红军主力北上,留下韦拔群、陈洪涛等第七军第21师在右江流域和红水河两岸坚持革命斗争。1930年8月至1932年8月,桂系军阀对右江革命根据地进行三地大规模军事围剿,革命形势严峻。1931年10月,右江独立师党委右江特委根据邓小平同志"上贵州发展"的指示,派右江独立师政委、右江特委书记陈洪涛等人到罗甸进行革命活动。1932年9月黄举平等率40名红军战士进入蛮瓦,成立了中共蛮瓦党支部。支部接受黔桂边委领导,成为贵州省最早成立的党支部,不断培养和发展革命的火种,足迹遍及罗甸县18个乡镇。1998年,中共贵州省委、省人民政府将罗甸划为革命老区。2011年罗甸县烈士陵园被列为"省级烈士纪念建筑物保护"单位和成都军区"百县军民共建红色历史文化景点"。

如今,英雄已逝,坐落于望月楼上的烈士陵园,成为人们寄托对这些牺牲者四年的最后地方,建园以来,始终秉承"褒扬先烈,教育后人"的宗旨,实行全年免费开放,不断的发挥者作为爱国主义教育基地作用。每年清明节、建军节、国庆节等纪念节日和县里的重大活动,都会有大量机关干部职工、中小学生、社会人士、党员群众缅怀先烈,敬献花圈、花篮等革命传统教育活动;特别是每年入学新生到陵园参观瞻仰,每逢"五一""五四""六一"等节日,党团员进行入党、入团、入队宣誓,重温入党誓词等活动。仅2014年,共接待开展革命传统教育单位30多个,接待党、团员、干部职工、学生、部队官兵和人民群众15000余人次。

历史教学不能仅仅局限与课本,应该充分利用我们身边的资源,因此,在历史教学过程中利用乡土资源进行教学,不仅可以使学生更加真实的感知这段历史,更重要的可以使学生对自己家乡产生一种历史崇敬感,从而由内而外培养他们的爱家,爱国的情怀,要让新一代的学生不断继承优秀的革命精神,在现实学习生活中将他们的爱国之志转变为报国之行。

二、针砭时弊,树立正确的历史观

2011年2月28日在太原影视频道播出抗日战争题材的电视剧《抗日奇侠》手撕鬼子便是其中的一个片段,由于其严重失实,把抗日剧拍成了武侠剧,遂被网友传至网上,受到了大批网民的批评。解放军报表示,这些现象就是在毁坏中华民族的精神图谱;人民日报则表示,"手撕鬼子"不尊重史实和民族情感。

2017年中国青年网发表了一篇题为《快讯!穿日本军服在四行仓库前拍照4人,已被警方处理》,文章中提到有四名年轻人,为了寻找刺激,博人眼球,罔顾民族感情,无视公序良俗,明知四行仓库是著名的抗战地标建筑和爱国主义教育基地,人身穿仿制的二战日本军服并合影在网络上传播,这种行为极大地伤害了全国人民的爱国情怀,违背了社会主义核心价值观,给社会造成了恶劣的影响。李某等人的行为也由于触犯了《中华人民共和国治安管理处罚条例》的相关规定,应当依法予以处罚。

2014年9月3日,中国迎来第一个抗战胜利纪念日,抗日战争的胜利不仅应成为我们民族最重要的纪念日,也同样应成为世界性的集体记忆。在长达14年的抗日战争中,中国既是最早的世界反法西斯战争战场,也是最后的世界反法西斯战争战场。可以说,中国的抗日战争影响了世界反法西斯战争的进程,也同样改变了战后的世界格局。拉纳·米特曾在《中国,被遗忘的盟友》中指出:自二战时起,中国就已经是"负责任的大国"。因此在今后的历史教学中,抗日战争成为了我们进行爱国主义教育的重要基地。

高中历史教学对于抗日战争有着详细的介绍,作为一名历史教师,在进行本章节的教学过程中,不仅要带领学生了解基本的抗日战争的历史史实,更重要的是要在这个过程中对于学生接触到的一些错误的历史信息予以纠正,同时,通过大量的历史图片,影视资料等培养学生正确的历史价值观,只有学生在历史课堂中树立了正确的历史价值观,培养了真正的爱国主义情怀,才能在这纷繁复杂的信息时代去辨别历史的真伪,懂得什么是真正的爱国,如何去热爱自己的祖国。

三、理性辨别,理解爱国的真正含义

2012年9月10日,日本政府不顾中国政府的一再严正交涉,亦然宣布"购买"钓鱼岛及其附属岛屿,实施所谓"国有化"。这一公然践踏中国领土主权的行为,引发了中国民众的强烈不满。在国内多地爆发了大规模反日游行。然而在反日游行的过程中却出现了部分打砸抢行为,例如:有日系车被砸,日式餐厅被砸,日系车4s店被砸,甚至还有日本企业被烧毁。

2012年9月15日,西安市民李建利驾驶自家的日系车在行车过程中遭遇反日示威人群的围堵,车辆很快被十几个人打砸,当时李建利的妻子曾苦苦哀求,"都是我们辛辛苦苦攒钱买来的车,我们选择日本车不应该,以后不买了就是了,好不好",但是砸车的人们已经失去了理智,当李建利试图制止时,有位年轻人,却用手中的U型钢锁砸向李建利的头部,导致其颅骨被砸穿,人也当即倒地昏迷。

2016年7月,南海"仲裁"事件发生后,在长沙、杭州、临沂、滁州等市县的一些肯德基门店被一部分人围堵,他们打着"拒食肯德基,抵制美日韩"的口号。以上种种非理性"爱国"言行,不仅严重扰乱了我们的社会秩序,也影响了国家经济生活的正常运行。爱国主义情感本来是用以凝聚全国人民力量,形成民族凝聚力的良好举措,但是其中一些人却别有用心,他们鼓噪声势、搬弄是非,企图借助各种现代信息媒体,从而传播虚假的信息、甚至散布谣言。在这种非理性的气氛影响下,很多人往往很容易失去自我的辨别力和判断力,成为传播社会负能量的主体,甚至沦为散布谣言的传声筒。此种非理性的爱国不仅深深的误导了涉世不深的青年,也极有可能使其成为西方反华势力的工具,更不利于人民群众对于理性爱国情感的表达。

一个国家和一个民族,如果缺乏最起码的独立思考的自由与辨别是非的能力,以至于最后失去了理性甚至泯灭了良知,那将不仅仅是其自身的悲哀,也将是整个民族与国家社会的悲哀。因此在历史教育教学中,如果我们忽视了以人为本的教育观,忽视了培养学生独立、理性思考问题的意识和能力,那么纳粹主义思想以及军国主义思想的复活、"大跃进"运动和"文化大革命"等历史悲剧的重演能说是杞人忧天吗? 因此,我们的爱国主义教育必须注重学生人文主义精神、科学态度、民主和法制观念、国际意识的培养,努力追求学生健全人格的塑造,逐渐培养学生崇尚科学的精神,逐步树立学生求真、务实与创新的态度,从而强化民主与法制意识,形成理性思考问题,辨别是非的能力。在了解和尊重不同国家,不同民族,不同文化传统的过程中,逐步形成一种面向世界、面向未来的开放的国际意识,正确处理人与人、人与社会、人与自然的关系,加强环保意识,牢记"和平与发展"的时代主题,只有这样我们才可以正确把握自己的人生的方向,才能在现实生活中做到理性的"爱己、爱家、爱国"。

浅析高中地理教学中社会主义核心价值观的渗透

作者:岑富敏

摘要:高中阶段的学生正处在身体和心理发育的重要阶段,是培育及践行社会主义核心价值观的重要 时期 。同时中学 地理也是一门融合自然和人文两大领域的一门学科,具有培育和践行社会主义核心价值观教育的优势,从党的教育方针政策和地理学科的各项功能来阐述在地理教学中渗透社会主义核心价值观的必要性;找准教材内容的嵌入点、抓住课堂教学中的契机创新施教方法,营造融洽的课堂气氛,在教学中有效地渗透社会主义核心价值观。

关键词:中学地理;社会主义核心价值观;渗透;教学

一、中学地理教育教学中有效渗透社会主义核心价值观的必要性

党的十八大报告中明确提出以国家:富强、民主、文明、和谐;社会:自由、平等、公正、法治;个人:爱国、敬业、诚信、友善三个层面 24 个字来阐述社会主义核心价值观的深远意义和丰富内涵。 社会主义核心价值观是在中国特色社会主义建设实践中形成和发展的,贯彻于社会主义核心价值体系的各个层面,决定着中国特色社会主义的进程和发展方向。

1.党的教育方针政策

一个国家的政治决定其教育的发展,而教育则为其政治所服务。十八大以来,全国各界都非常重视社会主义核心价值观的教育,地理教育服从党对教育的政策领导以培育和践行社会主义核心价值观为主要教学目标。中共中央办公厅《关于培育和践行社会主义核心价值观的意见》要求把社会主义核心价值观融入中小学教育的全过程[3]。

习近平总书记指出"核心价值观是承载一个民族,一个国家的精神追求[1]。"刘云山同志也指出社会主义核心价值观"体现了社会主义意识形态本质要求,体

现了社会主义制度在思想和精神层面的质的规定性,凝结着社会主义先进文化的精髓,是中国特色社会主义道路、理论体系和制度的价值表达,是实现中华民族伟大复兴的中国梦的价值引领[2]。"

由此可以看出,党将全民学习社会主义核心价值观作为当前教育的大政方针之一,指导教育工作的开展,中学地理教育也必须要遵循和贯彻好党的教育方针政策,培育学生的社会主义核心价值观。

2.高中学生生理和心理发展

高中阶段学生正处于 学习的黄金阶段和身心发展 的重要阶段, 也正是其价值观培育的关键阶段,是培养学生世界观、人生观、价值观的重要时期。此时对学生进行思想政治教育和价值观的培育是学校教育教学的首要任务,也是每位教育工作者不可推卸的责任。作为高中地理教师的我们应该规避地理学科的缺点和不足,充分利用地理学科的优点和特点,结合学生的思想、思维及教材内容,在向学生传授地理文化基础知识的过程中渗透社会主义核心价值观,争取做到知识教育和思想政治教育相互促进,共同提高,把学生培养成中国特色社会主义事业的优秀接班人[4]。

本文就十八大提出的社会主义核心价值观的内容,探讨在地理教育教学中如何渗透社会主义核心价值观的教学策略。

3.中学地理学科的功能

从地理学科承载的各项功能来看,教师除了给学生传授地理基础知识,同时还要培养学生的地理看图、绘图技能、地理分析能力、综合思维能力,并承担起育人的功能。地理教育还应对学生进行现代化、信息化、面向国际、未来的多方面教育;培养学生可持续发展的观念,提高学生的各项素养;为地方经济发展提供服务功能,且承担起传播社会主义核心价值观的功能。

当然由于少部分地理教师对 实事不了解,没有认识到社会核心价值观的内涵和原则,认为践行社会主义核心价值观不是地理学科的事情,与自己关系不大,所以在日常的教学中忽略了对社会主义核心价值观的教育;有大部分地理教师响应党的号召,将社会主义核心价值观融入教育教学中,却不知道在何种教学环节下渗透,使得课堂形成多重重点,学生难以把握知识点。有的教师喜欢在课堂导入或者课堂总结口号式的向学生复述一遍社会主义核心价值观内容,以为这样就算在课堂教学中渗透社会主义核心价值观,致使整个课堂教学过程显得匆忙和生硬。

二、教学中社会主义核心价值观的渗透手段和策略

1.深刻理解核心价值观的内涵

作为高中教师首先要提高自己在思想上对社会主义核心价值观内容的认识,深刻理解和领悟社会主义核心价值观体系中各个组成部分之间的内涵和联系,在地理教育教学中才能避免照本宣科,达到既定的教学目标,获得既定的教育结果。因此,教师首先要弄懂社会主义核心价值观的内容、内涵和实施意义,丰富自己的思想,提高自身素养[5],在地理教育教学中才能将地理知识和社会主义核心价值观融合在一起,灵活运用,达到教学目的。社会主义核心价值观是社会主义价值观内容中的最重要的部分、是最主要的思想,最关键的内核,其中被表述为:"富强、民主、文明、和谐、自由、平等、公正、法治、爱国、敬业、诚信、友善",共12个词,24个字。分为三个层面,三者之间存在深刻的内在联系,并且每个层面的内部都有各自的逻辑。

2.找准教材内容的嵌入点

高中地理知识面较广,内容较多,其中包含有自然地理、人文地理、旅游地理、地球与地图知识技能、区域地理等跨越了自然科学和社会科学两个领域。而这些内容中,不是每个领域、每个专题都能渗透进行社会主义核心价值观。所以作为教师必须要将课程标准研究透彻,分析教材内容,在地理教学中找到社会主义核心价值观的嵌入点和融合点,适时渗透。

通过研究中学地理众多内容,分析它们与社会主义核心价值观的联系:一、有部分内容与社会主义核心价值观联系紧密,可以在课堂中渗透。如地理必修2,第五章内容"人地关系思想的演变""中国的可持续发展实践"要求联系《21世纪议程》,概述出可持续发展的内涵和原则,分析理解走可持续发展道路是全人类的必然选择,也是中国持续发展的必然选择;在认识可持续发展的过程中,个人应具备的情感态度和责任。必修3中第二章"荒漠化的防治",教师在教授我国西北地区的自然景观及形成,荒漠化防治措施 等内容时可以渗透爱国思想和环境保护意识,同时 此部分还涉及可持续发展的知识、人地关系思想、法律、国情、国策的内容,因此教师不仅要利用好教材,也还要搜集时事热点,国家政策法规,在课堂上才能恰时的渗透进行社会主义核心价值观。二、有部分内容与社会主

义核心价值观联系松散,不便于在课堂上渗透。如必修2第三章的"农业地域的形成与发展"第四章的"工业地域的形成与发展"中要求教师除了讲述重难点内容以外,还需组织学生结合家乡农业和工业的发展情况、生产活动,分析其对地理环境产生的影响。此时教师必须以教材内容为基础,结合我国国情,当地农业、工业发展现状,进行深入思考和探索,认真分析,用理论联系实际,充分挖掘出教材背后所蕴含的有关社会主义核心价值观的内容,将教材与社会主义核心价值观内容结合起来,分析涉及的方面和层次的内容,适时地对学生渗透社会主义核心价值观。三、有小部分内容与社会主义核心价值观联系不大,且难以从教材中找到关键的嵌入点和融合点。如必修1中的自然地理内容:地球运动的地理意义、地球与地图技能、大气受热过程、热力环流、气压带和风带对气候的影响、常见的天气系统、自然带的分布规律等知识,没有涉及社会主义核心价值观相应内容。在教授此类的知识点时,教师大可不必生搬硬套,画蛇添足。可以通过以上知识点的分析,找到其与社会主义核心价值观的结合点、迁移点,因势利导地进行渗透教育,在教学中才能达到潜移默化的效果,实现社会主义核心价值观的渗透教育。

3.立足地理课堂,培育核心价值观

课堂是教师的战场,立足课堂主阵地,巧妙的设计好课堂的各个教学环节,将社会主义核心价值观融入课堂教育中。

我认为社会主义核心价值观应该体现在一堂课的三维目标中,教师在备课时不仅要把眼光集中在地理知识、技能的传授上,还要重点关注情感态度价值观的教育,把社会主义核心价值观融入三维目标中。

教师在将社会主义核心价值观融入教学过程时可结合具体的教学环节,如在新课导入时可以从学生的实际生活出发,以学生已有社会经验为起点,放映贴近新课内容的教育影片、图片,或者国家时事政治、社会热点等案例,引起学生的课堂兴趣,渗透社会主义核心价值观。在讲授新课的过程中,可以适时的渗透法制教育,爱国主义、诚信友善等社会主义核心价值观,把社会主义核心价值观内涵贯穿于新课中。在课堂总结过程中,引领学生畅想中华民族伟大复兴的中国梦,把国家层次的"富强、民主、文明、和谐"作为学生对国家追求的最终目标。

4.创新多种传播途径

教师将社会主义核心价值观融入到地理教育教学过程中,不能被教材所束缚,被课堂所困住,需要发掘和运用多种方式方法展开,创新教学方法,拓宽教学途径。从多个渠道开发地理课程的资源,从多个方面来关注显性课程资源和隐性课程资源,将基础教材和校本课程及地方课程有机结合起来,从教师自身、学生自身还有学校内部挖掘资源。除此以外根据我校校情,学生的地理基础情况,地理教师可以通过运用学霸笔记里的漫画、故事等学生感兴趣的资料,网络上用地理知识制作的歌曲串烧、地理图画、地理故事等形式将社会主义核心价值观融入课堂中。在课堂环节中,可以通过设置学生活动体验、动手实践、问题研讨等小组活动项目,让每个学生在提高地理实践能力时,理解到社会主义核心价值观的实质。教师要在课前设计好课堂教学环节,并找到渗透社会主义核心价值观的着力点,将社会主义核心价值观从理论变为实践,让学生内化于心。但在具体实施中教师应注意学科的特点、学生发展的情况,不能以牺牲地理学科特点为代价,避免使地理教学出现泛德育化倾向[5]。

参考文献:

[1]吴海园.高中地理教学中的社会主义核心价值观渗透教育

[2]刘云山.着力培育和践行社会主义核心价值观[J].求是,2014(2)

[3]中共中央办公厅.关于培育和践行社会主义核心价值观的意见[N].人民日报,2013-12-24

[4]李慧君.刍议高中地理教学中社会主义核心价值观的渗透[J].铜陵职业技术学院学报,2017(2)

[5]伏成云.社会主义核心价值观在地理教育中渗透的策略[J].地理教育,2016(4)

浅析高中物理学科渗透核心价值观的重要性

作者:陈胜明

摘要:培育和践行社会主义核心价值观,加强中小学德育是推进中国特色社会主义事业的必然要求,在高中物理教学中渗透社会主义核心价值观教育意义重大,基于此因,在高中物理教学中,深入研究社会主义核心价值观的内容与物理教材的相关契合点,加强对学生的科学引导与德育教育的重要性,从而推动高中物理教育教学体系的完善,促进核心价值观在学科教学中重要作用的发挥。

关键词:高中物理;学科教育;社会主义核心价值观;教育教学

在推动政治、经济、文化发展的过程之中,我国积极促进社会主义核心价值观体系的建立,中国共产党在十八大报告中明确强调了社会主义核心价值观的具体内容,其中主要包括富强、民主、文明、和谐,自由、平等、公正、法治,爱国、敬业、诚信、友善,这二十四个字在社会主义核心价值观体系建设的过程之中发挥着重要的作用,是整个核心价值体系中的内涵。物理是我国高中教育体系中的重要学科,对促进学生的全方位发展意义重大,在这样的社会背景之下,将核心价值观渗透到该学科教学之中也备受社会各界的广泛关注。因此本文立足于现实情况,具体分析高中物理学科渗透核心价值观的重要性,以其来推动我国教育体系的完善,促进核心价值观作用的发挥。

一、高中物理学科渗透核心价值观的重要性

1.促进学生思想道德建设

应试教育导致我国许多的学科教育在实践的过程之中往往过于注重学生的成绩以及升学率,德育教育直接被学校以及老师所忽略,同时在基础教育的过程之中,德育教育也难以发挥应有的作用和价值,现有的教育内容过于简单和成人化,无法与学生的身心发展保持同步。其次对于高中物理教学来说,教学难度比较大,同时涉及诸多的知识面,老师所采取的教学方法过于简单和粗暴,难以真

正实现生活实际与教学内容相联系,社会教育、家庭教育和学校教育相脱节,无法更好地促进学生行为习惯的养成。社会主义核心价值观体系之中明确强调了诚信、友善、敬业、爱国这些良好的个人品质,如果将其渗透进高中物理学科教育之中就能够有效促进学生的思想道德建设,帮助学生树立良好的世界观道德观和价值观。

2.推动时代的进步与发展

在改革开放的过程中,我国积极建设社会主义市场经济,在社会各界的共同努力之下我国已经进入了全面建成小康社会时期。但是在这样的社会背景之下,我国的政治、经济、文化建设却面临着诸多的变化,其中利益关系、就业方式、社会形势、社会经济组成部分以及分配方式呈现着越来越多元化的发展方向,人们的思想观念也由此受到了较大的影响,这些都直接冲击着我国高中生以及青少年思想意识的形成和建立。对于高中物理教学来说,除了需要注重基础物理知识的传授之外,还需要结合时代进步以及发展的实际需求,引导学生的价值取向以及个人的思想认识,保障其树立正确的社会价值观,将自由、平等、公正以及法治和物理教学相融合,通过这种方式来有效地推动时代的进步以及发展。

3.培养新时代的四有新人

高中生的个人经验十分有限,同时心智还有待成熟,因此极易受到外部环境的影响和诱惑,随着我国进入改革开放的深水区,高中生的心理状况价值观以及人生观在塑造的过程之中面临着更加复杂的外部环境,市场经济以及各种西方文化对其影响较为深刻,高中生往往面临着许多的价值冲突,这些负面影响对高中生的成长以及发育是一个极大的阻碍。

学校教育对建设社会主义核心价值体系意义重大,作为该体系建立的重要渠道,高中物理教学是实现该体系得以完善的重要手段。物理老师需要将物理课堂作为宣传社会主义核心价值体系以及进行德育教育的重要阵地,积极践行这二十四个字,将教学内容与社会主义核心价值观有机结合,以培养四有新人为主要方向,为学生提供更好的指导。

二、高中物理学科渗透核心价值观的方法

1.充分运用教师个人的人格魅力

要想帮助学生在社会主义核心价值观的引导之下全方位发展,作为老师个人来说必须要充分运用个人的人格魅力。教师的个人素质通过人格魅力得以充分地展现,在德育教育以及社会主义核心价值体系教育时,老师必须要以身作则,真正地做到知行合一,通过自己的言行举止来体现社会主义核心价值观之中的自由、公正、法治以及民主、文明、和谐,加强与学生之间的联系,平等对待每一位学生,不断地突破传统的教学理念以及教学模式,积极地加强对学生价值观的引导,以强烈的事业心和职业理想来对学生进行潜移默化的影响。

2.将核心价值观与教学相融合

要想将社会主义核心价值观融入高中物理学科之中,老师需要通过不同的渠道以及手段来充分地发挥物理课堂的作用和价值,以课堂教学作为主要的渠道,对物理课程进行深入的解读,找出物理课程与核心价值观体系之间的契合点,对学生的行为以及思想进行引导,帮助学生能够树立正确的人生观和价值。

其次,老师需要了解高中生的认知特点以及情感发展特点,注重课堂效率的提升,帮助学生在社会主义核心价值观体系学习的过程之中获得一定的情感认同,讲解一些优秀物理先辈的动人事件,如我国著名的物理先辈胡刚复,胡先生在学成归国之后,立即投身于我国的物理教育一线中,自费创办物理实验室,推动我国实验教学的发展,为同济大学、浙江大学以及知名学校授课,因此在物理教学的过程中老师可以将其与社会主义核心价值观体系中的内容相融合,让学生主动地去感受这些爱国故事和爱国情怀,只有这样才能够激发学生的爱国心理,帮助学生实现个人的全方位发展,积极地接受学校的德育教育。

3.将物理教学与生活主题相结合

社会主义核心价值观体系作用的发挥离不开具体的实践,要想在物理学科之中深深地渗透该价值体系,对于物理老师来说必须要倡导知行合一,以生活教育和物理教育为切入点,真正地将物理教学与生活实践相结合,让学生积极主动地接受该价值体系的熏陶和教育。

在物理教学实践以及物理课堂之中,老师需要注重生活元素的融入,积极地呈现各种生活事件,让学生在积极主动的思考和探索之中激发个人的真实情感,保障学生能够更好地认同现有的社会主义核心价值观体系,从而主动地接受这些优秀思想的熏陶和教育,在社会生活以及实践的过程中积极地践行社会主义核心价值观,提高个人的社会道德以及素质修养。比如在学习连接体的圆周运动这一章节时,老师可以让学生自己预习课文,然后在家里用已有的工具做实验,通过动手操作来了解运动方向、物体位置与摩擦力之间的关系。

三、结语

一个国家的长远发展离不开社会主义核心价值观体系的建立,在践行素质教育的过程中,我国需要将德育教育与学科教育相结合,充分地渗透社会主义核心价值观,以学生的全方位发展为立足点,注重理论教学与实践教学之间的融合,积极地突破应试教育的不足以及桎梏,采取科学合理的教育方法将理论教学与实践教学相结合,注重对学生的科学引导和德育教育,帮助学生树立正确的人生三观,这一点既是和谐社会得以发展的重要基础,同时也是促进教育水平得以提升的前提。

参考文献:

[1]陈贤纯.素质教育与社会主义核心价值观体系的建立[M].云南教育教学研究,2013.

[2]张志勇.物理教学如何与社会主义核心价值观体系相联系和融合[J].科学论坛,2009,(24):106

[3]黄燕云.高中物理教学中社会主义核心价值观体系的渗透[D].高中物理教学,2009.

[4]钟燕.素质教育环境之下社会主义核心价值观体系的渗透和完善[D].科技资讯,2008.

浅析高中物理学科渗透核心价值观的重要性

作者:彭永兰

摘要:高中物理学研究的是物质的基本结构、最普遍的相互作用、最一般的运动规律以及所使用的实验手段和思维方法。要积极培育和践行社会主义核心价值观,从教材中体会总结出科学家精神,使学生从教学目标维度中得到精神上的洗礼,要把社会主义核心价值观落实到课堂教学中。

关键词:高中物理;教学;爱国;敬业;诚信;社会主义核心价值观

高中物理学研究的是物质的基本结构、最普遍的相互作用、最一般的运动规律以及所使用的实验手段和思维方法。怎样将社会主义核心价值观与素质教育"三维目标"中的情感态度与价值观融合? 作为高中教师,就要从平时的教育教学中积极培养和践行社会主义核心价值观,从教材中体会总结出科学家精神,使学生从教学目标维度中得到精神上的洗礼,要把社会主义核心价值观落实到课堂教学中,培养社会主义建设者和接班人。我认为可以从以下几个方面去践行:

一、利用物理学科特点在教学中进行

热爱自己的祖国,是对自己祖国的深厚感情,反映了我们个人对祖国的依存关系,是我们对自己的家园、民族和文化的归属感、认同感、尊严感与荣誉感的统一。爱国是公民应有的道德情操,是中华民族的优良传统。在物理课堂上就找到了一个比较低的爱国入口,让爱国教育在物理课上不再是可有可无的摆设,让爱国教育在物理课上不再是高大上的口号,让爱国教育在物理课上成为常态找到了方向。

例题:在我国东北寒冷的冬季,雪橇是常见的运输工具。一个有钢制滑板的雪橇,连同车上木料的总重量为$4.9 \times 10^4 N$.在水平的冰道上,马要在水平方向用多大的力,才能够拉着雪橇匀速运动?

这道题除了让学生知道物质观念、运动观念,还要让学生形成相互作用观念和能量观念等,让学生有认知自然界相互联系的素养。从中引导学生对现在交通工具——汽车拥堵和尾气排放的认识,从而引导学生如何去保护环境,爱护家园,爱护生命。

二、在物理课堂上进行敬业教育

敬业是个人对自己所从事的工作及学习的重视高度、负责态度、努力程度、担当力度的总称。学生虽然没有参加工作但是有自己的学业,学生学习态度好不好,有没有重视学习,有没有认真学习,有没有刻苦学习,有没有担当,这些都会影响到他们日后踏足社会参加工作的态度。

例如学生实验:应让学生具有实验探究意识,能在平时的学习和日常生活中发现问题、提出问题,然后进行合理猜测与假设,能具有设计实验探究方案和获取证据的能力,能正确实施实验探究方案,使用各种科技手段和方法收集信息;应让学生具有分析论证的能力,会使用各种方法和手段分析、处理信息,表达、解释实验探究结果和变化趋势;让学生具有合作与交流的能力,能准确表述、评估和反思实验探究过程与结果。从实验中看学生的做事态度,重不重视实验过程与结果,让学生具备分析问题的素养,这样可以培养学生的敬业精神。

三、在物理课堂上进行诚信教育

诚信主要包括个人诚信、企业诚信和政府诚信等。诚信大量地表现为讲真话、守信用、有信誉、不弄虚作假等。个人诚信缺失已渗透到人们生活的方方面面。古人对诚信是这样认为:"人无诚信,不可立世,对人诚信,人不欺我,对事诚信,事无不成"。首富李嘉诚说:"你必须以诚待人,别人才会以诚相报"——这恐怕就是相互作用最好的明证了。人教版必修一第三章相互作用,要务必让学生理解力的作用是相互,有作用力就必然有反作用力,还要让学生理解不但力有这样的反作用,诚信亦有。

例如:下列说法中正确的是(   )

A. 鸡蛋碰石头,蛋破而石头完好无损,说明石头对鸡蛋施加了力,而鸡蛋对石头没有施加力

B. 甲用力把乙推倒,说明只是甲对乙有力的作用,乙对甲没有力的作用

C. 只有有生命或有动力的物体才会施力,无生命或无动力的物体只会受到力,不会施力

D. 任何一个物体,一定既是受力物体,又是施力物体

这道题中鸡蛋与石头的相互作用最明显,不能只是鸡蛋对石头有力,石头对鸡蛋没有力的作用,而我们人生当中所做的一切事情也是一样的。如果把这些践行到物理课堂中,学生更容易懂,也渗透了诚信教育。

四、结语

总之,社会主义核心价值观与素质教育"三维目标"中的情感态度与价值观融合,是从物理观念、科学思维、实验探究、科学态度与责任培养学生的爱国情怀,让爱国教育在物理课上不再是可有可无的摆设,让爱国教育在物理课上不再是高大上的口号,让爱国教育在物理课上成为常态,也要让学生有敬业精神和诚信品德,有社会责任感,培养学生树立法治观念。现实中一些学生由于不懂法,不能明辨是非,做事没有原则,不会用法律约束自己的行为,没有社会主义核心价值观,结果走上违法犯罪的道路。因此很有必要对学生加强这方面的学习,多宣传懂法、守法的重要性,采取丰富多彩的形式进行法制教育,让学生学法、知法、懂法、守法,维护法律的权威,自觉依法规范自己的行为。

每个学科都有自己学科性质及学科特点,都有自己的研究对象和问题领域,都有自己解决问题的思维和表达方式,都可以在不同的程度和水平上满足学生的多样性需求和个性化发展需要。这些内容,都具有鲜明的学科和学段差异。例如:培养学生的社会主义核心价值观,主要的方式是:对"国家观念"的初步认识,把认识到对于基本国情国策的认识,通过更加深化的认识,形成学生的国家立场和人生态度,所以,不同的学科,培养的方法、路径不同。

参考文献:

1.何燕飞《物理教学中社会主义核心价值观的实施》

2.解慧明《在物理教学中培育和践行社会主义核心价值观》,《陕西教育.教学》2015年第06期

3.曾立群《如何在高中物理教学中渗透社会主义核心价值观》

高中物理教学中渗透核心价值观教育

作者：罗德文

摘 要：高中物理教学中渗透核心价值观教育具有重大的现实意义；可以从介绍物理学史、讲授物理概念和规律、进行物理实验三个方面渗透价值观教育。

关键词：物理教学；社会主义核心价值观；物理学史；规律；实验

核心价值观在物理教学中表现为学生群体对学习和目标的认同，在认同的基础上形成对目标的追求与向往，从而达到一种共同的境界。

庄子说："判天地之美，析万物之理"。物理学有着自然之美，在教学中应让学生体会到这样的美，对自然现象产生兴趣，激发学生了解自然的欲望。物理是一门以实验为基础的自然科学，学生应该重视实验和观察，理论联系实际，知识从实验中来，回到实验中去检验；实验的操作和现象的呈现，可以培养学生实事求是、追求真理的态度。下面将从三个方面谈谈如何在高中物理教学中渗透核心价值观教育。

一、在介绍物理学史时渗透价值观教育

物理学发展史的教学对渗透价值观教育有着重要的作用。高中物理教材中对物理学史介绍是很少的，教师在教学过程中应该强化物理发展史，根据教学内容，适当选择物理发展史以及一些著名物理学家的典型事迹和故事；激励学生克服困难，不畏险阻，勇于探索；培养学生的人文精神，端正学生的态度。

事物总是在变化和发展的。前人的观点或结论往往被后人否定或补充，避免不了对前人的批判；具有代表性的是亚里士多德的观点和伽利略的观点的冲突。比如：在"牛顿第一定律"内容里，亚里士多德的观点为"力是维持物体运动

的原因"，物体要运动必须有力的作用，力消失运动就立即停止。又如：在"自由落体运动"的内容里，亚里士多德的结论是"物体越重下落就越快"。亚里士多德不加思考和仅凭直觉观察就得出的结论符合那一阶段人们的常识，以至于在他之后的两千多年的时间里，人们都奉为经典，不可触犯。伽利略善于观察，勤于思考，努力寻找事物的本质；利用"理想实验"否定"力是维持物体运动的原因"；利用逻辑关系推断出亚里士多德结论自相矛盾、猜想与假说、"冲淡"重力合理外推、实验验证来否定"物体越重下落就越快"的结论。从而得出了"力是改变物体运动状态的原因"和"自由落体运动"的正确理论，为物理学的发展做出了巨大的贡献。

在介绍物理学史时培养学生的批判性思维；同时鼓励学生对有疑问的知识点或规律提出质疑，学习像伽利略处理问题的方法，努力寻求解决方案。

二、在讲授物理概念和规律时渗透价值观教育

物理知识与生活现象息息相关，教师在教学中要联系生活中的现象，结合物理概念和规律对学生进行价值观教育。

比如：在教学"能量守恒定律和能源"时，让学生知道能量守恒定律是大自然普遍和谐性的一种表现形式，把表面上完全不同的各类运动统一在一个自然规律中；好比同学们融汇于一个班集体当中，培养学生对人和自然有着亲近、和谐相处、集体主义情感。在学习永动机时，通过介绍各种各样永动机的设计方案都不能成功，找出其原因是违背自然规律；使学生明白要获取必须有付出，不劳而获，凭空创造出能量是不可能的。通过介绍常规能源的短缺和利用常规能源带来的环境污染，寻找新能源迫在眉睫；让学生明白人类应该敬畏自然、节约能源、保护环境和勇于探索创新。通过能量耗散概念教学，知道能源的利用是有条件的，也是有代价的，使学生懂得利用自然、改造自然要遵循自然规律。

三、在进行物理实验时渗透价值观教育

在物理实验教学过程中，教师要充分展示实验的魅力；让学生体会到物理现象是有趣的，同时物理知识也是有用的；使学生对物理实验感兴趣，热爱自然科学。通过学生亲自动手做实验，经历探究过程，学习探究方法，逐步形成科学的探究精神、实践能力和创新意识，树立科学的价值观。

例如：在做"测量电源的电动势和内阻的实验"中，让学生先熟悉电路图，根据电路图连线，按照实验步骤完成实验操作，在实验原理"伏安法"的基础上拓展"安安法"、"伏伏法"等方法；从而培养学生的观察能力、操作能力、思维能力、创新能力；拓展学生的思维，提高学生对物理学习的动机和兴趣。

物理实验要求是十分严格的，实验现象的得出必须一丝不苟，来不得半点虚假，要尊重事实；可以培养学生实事求是的态度和严谨的作风。

学生分组实验过程中互相配合、互相交流、团结协作，在合作中体会到帮助别人的快乐，在交流中体会到自身的价值，在动手操作中体会到创造的魅力。

总之，在物理教学中渗透核心价值观教育是具有重大现实意义的。教学中的一个物理概念、一个物理规律、一个物理习题、一个物理探究活动都有可能对学生的未来产生很大的影响，所以在教学中要有效地渗透价值观，使一些看法或思想在学生的心灵深处扎根，形成正确的价值观。

高中化学学科渗透社会主义核心价值观探究

作者:江 洁

摘 要:众所周知,高中阶段是学生形成正确的人生观、价值观和世界观的初步阶段和稳固阶段,而老师若能够把握好高中阶段,逐步引导学生建立起正确的人生观、世界观和价值观,可以为祖国培养出一批优秀的高素质人才打下坚实的基础。而高中老师要想对学生进行社会主义核心价值观的教育,还是要从课堂入手,把课堂上的教学内容和社会主义核心价值观的内容有机地结合起来,在课堂教学中潜移默化地渗透社会主义核心价值观教育,逐渐让高中生认可和接受社会主义核心价值观,并且植根于自己的心中。

关键词:社会主义核心价值观;化学教学;渗透

高中阶段既是学生们学习知识的时期,也是他们形成价值观、人生观和世界观的关键时期,高中老师在这段时间内引导学生们树立起社会主义核心价值观,对于学生们来说是至关重要的。而化学老师若想要培养学生的社会主义核心价值观,主要是通过课堂教学的方法来进行,因此必须要好好把握课堂环节,让学生们在学习知识的过程中,潜移默化地形成社会主义核心价值观。而高中化学课程中由于其含有丰富的社会主义核心价值观的教育内容,化学老师要充分利用起来,在给学生传授化学知识的同时渗透社会主义核心价值观的教学。

一、备课时要重视收集和教学内容相关的社会主义核心价值观素材

老师在讲课之前都会进行备课这一步骤,老师只有在上课之前完成备课,才能让教学过程有计划地进行,也能让教学内容更加具备针对性,也能让老师发挥好自己的引导作用和帮助学生认识到自己的主体地位。而老师在备课时,要先制定好通过这节课的学习,学生们要掌握的化学知识和方法,最好把教学内容和价值观教育结合起来。而价值观的教育则要和学生的接受能力和年龄特点来设计,毕竟高中化学课本中有不少和价值观有关的素材,例如人工合成胰岛素、纳米材料、超导体的设计原理等有关知识,都可以和我国的经济发展结合起来,从

而体现了化学对于国家繁荣的促进作用,体现了化学家的爱国主义,此时老师还可以结合一些航天精神、奥运精神等素材,对学生进行潜在的爱国主义教育。因此,老师在备课的时候要注意多收集和归纳一些可以体现社会主义核心价值观的素材,最好可以事先演习一遍具体的讲解方法,以便在课堂上可以采用简洁的语言传达给学生。这样不仅可以让学生在学习化学知识时拥有一定的空闲时间,还可以激发起学生的好奇心,潜在地进行爱国主义教育,潜移默化地进行社会主义核心价值观的教育。

而除此之外,全世界的化学家都具备着这样的特征:默默奉献、刻苦认真、实事求是,对于自己的职业非常热爱。这也是对学生进行社会主义核心价值观教育的良好素材,可以让学生认识到敬业精神对自身的重要性,让学生树立起为国家和科学而努力的远大目标。

二、讲课时潜移默化地在课堂上渗透社会主义核心价值观的教育

讲课是老师经过严密的准备之后,进行有计划、有目的地活动,在充分备课的基础上,和学生进行双向沟通的过程。而且在课堂上,老师还可以对学生进行社会主义核心价值观的教育,但是必须要有计划、有目的地对学生们进行潜移默化的教育,否则就会让化学课堂变成了政治课堂,不仅让学生们无法学习到化学知识,还会让学生们失去对化学学习的兴趣,也无法良好地受到社会主义核心价值观的教育。

例如,在学习高中化学中的"化学能与热能"这部分知识时,可以结合我国古代发明的许多化学方面的产物——火药、炼铁和炼钢等,这些发明创造都和化学能、热能这部分化学知识有关,而老师则可以通过这个机会,激发学生的爱国情怀,增强他们的民族自豪感。而老师在讲到和乙烯有关的内容时,则可以和学生们说我国的石油、天然气的开发情况,以及我国现在正在兴建的乙烯工程等等资料。老师在讲解这部分知识时,要及时地介绍一些相关资料,让学生明白化学知识在我国古代和现代化学工业上不可磨灭的作用,也可以增强学生的民族自信心和自豪感,增强爱国热情,还可以对学生进行社会主义核心价值观教育。

而如果课本中没有一些和社会主义核心价值观有关资料的话,老师可以自发地去补充这部分知识。比如,老师在讲到金属矿物知识时,可以把炼铁、炼铜技术融入进去;在讲到原电池的时候,可以结合锂电池和日常用的五号、七号电池的知识;讲到有机化合物这部分知识时,可以说乙烯、乙醇对于人们日常生活

的有利影响等。这些知识虽然和考试内容无关，但是可以拓宽学生们的视野，让学生们明白化学知识对于日常生活有着不可替代的作用，明白学好化学的重要性。

除此之外，化学是学生们在高中阶段必须要学习的基础学科，而化学实验对于培养学生们的敬业和诚信精神也是有着至关重要的作用。而老师在教导学生们做化学实验时，老师肯定会要求学生必须要遵守操作标准、观察全面、记录详细、合作学习和总结归纳的步骤，以保证实验结果的准确性，让学生可以在做化学实验的过程中培养出一丝不苟、刻苦认真和实事求是的工作精神；而在遇到困难的时候，也要和其他的同学合作学习、探究，逐步养成合作学习和诚实守信的习惯。

三、设计课题时融入社会主义核心价值观的内容

高中化学老师在选择习题的时候，应该注重选择一些和学生实际生活或者工农业密切相关的习题，让学生们灵活地运用已经学过的化学知识点，既可以体现老师平时讲课的重点知识，又可以开阔学生们的视野，还能渗透社会主义核心价值观的内容。例如，老师可以在习题中有意加入2008年我国举办了奥运会，证明了我国综合国力逐步增强的信息，增强学生的民族自豪感，通过这些习题激发学生们的爱国情感。这样不仅仅可以考察学生们对于化学知识的掌握情况，还可以对学生们进行社会主义核心价值观的教育。

少年强则国强，高中生是祖国的未来和希望。老师在化学课堂教学中渗透社会主义核心价值观，既可以提高学生们本来的思想道德水平，帮助学生养成良好的习惯，又可以让学生在学习化学文化的同时树立起正确的人生观、价值观和世界观，树立为中国发展而奋斗的远大理想。

参考文献：

[1]徐国俊.渗透社会主义核心价值观于化学教学之中[J].学周刊,2015(32):63-63.

[2]龚茜.初中化学教学中渗透社会主义核心价值观途径浅析[J].科研,2016(5):00283-00283.

[3]薛春蕾.初中化学教学中渗透社会主义核心价值观途径浅析[J].课程教育研究,2014(23):175-175.

浅谈高中生物教学中社会主义核心价值观的渗透

作者: 毛明高

摘要: 早在 2013 年,中央办公厅就明确提出社会主义核心价值观要"进教材、进课堂、进学生头脑"。这就要求一线教师要想方设法利用课堂作为主渠道,将社会主义核心价值观与学科知识相互渗透,让学生在不知不觉中接受思想的熏陶,在学习知识的同时品味思想的甘露。基于此,笔者联系实际、通过教学实践,认为在高中生物教学中可以从挖掘历史典范,陶冶爱国情操;列举卓越成就,坚定爱国信念等五个方面渗透社会主义核心价值观。

关键词: 生物教学;社会主义核心价值观;爱国

社会主义核心价值观是社会主义核心价值体系中最核心的体现,它高度概括了国家、社会、公民三个层次所需达到的具体标准。对于高中学生而言,教师要注重培养公民层面的价值观,即"爱国、敬业、诚信、友善"。"爱国、敬业、诚信、友善"是每个公民最基本的道德规范,是每个公民都必须恪守的基本道德标准,是评价公民道德行为的标准,是从个人层面对社会主义核心价值体系的高度凝练。那么,在高中生物学教学中如何渗透社会主义核心价值观呢? 本文主要从其核心主题词"爱国"方面浅谈了一些渗透方法。

一、挖掘历史典范,陶冶爱国情操

作为四大文明古国之一的中国,在众多领域有着举世瞩目的成就,尤其是在生物科学方面对社会有着巨大的贡献。例如,据《中国史稿》记载,我国劳动人民早在仰韶文化时期就已经开始利用谷物研究酿酒技术,在龙山文化时期已经掌握了利用微生物在不完全灭菌的情况下培育酒曲用以酿酒的技术,而且还研制了不少尊、罍、盉、高脚杯、小壶等酒器。在北朝北魏时期,南朝宋至梁时期,我国杰出农学家贾思勰编著了世界农学史上最早的农学专著《齐民要术》,系统地总结了该时期以前农业、林业、畜牧业、渔业、饮食业、酿造业等各方面的生产知识,对古代农学的发展有着巨大的影响。明代著名医药学家李时珍经过27年的自身实践于1590年编写的举世瞩目之作《本草纲目》，提出了系统性的、科学性的、实用性强的药物分类方法，为医学界做出了巨大的贡献。总之，在课堂中挖掘利用古代中国在生物学领域的辉煌成就，让学生在学习的过程中受到熏陶、产生共鸣、陶冶爱国情操。

二、列举卓越成就，坚定爱国信念

1949新中国成立以来，我国科学家在生物学领域获得的成就是巨大的。例如，1965年9月，以王应睐为首的科学团队在前人的基础上成功获得了结构、生物活力、物理化学性质、结晶形状都和天然的牛胰岛素完全一样的人工全合成结晶牛胰岛素，这是世界上第一个人工合成的蛋白质，它的诞生为人类认识生命、探索生命奥妙的科学之路迈出了具有里程碑意义的一步。2000年6月，我国科学家精密研究、攻克各种难关，历时八个月完成了被誉为生命科学"登月计划"的人类基因组计划中三号染色体短臂上三千万个碱基对的测序任务，作为参与计划的唯一发展中国家，能完成此项任务，着实也让世界各国汗颜。2015年10月，中国女药学家屠呦呦获得了2015年诺贝尔生理学或医学奖，成为首位获得科学类诺贝尔奖的中国人，她发现的新型抗疟药青蒿素不仅为人类带来福音，更让世界肯定了中医药的价值。通过列举展示这些卓越的科研成果，学生可以直观地认识到祖国的蓬勃发展，体会到社会主义的优越性，从而激发出强烈的民族自豪感，进而坚定爱国信念。

三、讲述丰富资源，激发爱国热情

我国地域辽阔，横跨热带、亚热带、温带及寒带。地质地貌迥异、河流纵横、湖泊众多、气候多种多样，为野生动植物提供了适宜的生存环境，从而使我国的野生动植物资源丰富，居世界之首。野生动物中，兽类约500种，鸟类约1258种，爬行类约376种，两栖类约284种，淡水鱼类约600种，海产鱼约1500种。植物30000多种，仅次于世界植物最丰富的马来西亚和巴西，居世界第三位。不仅如此，由于我国大部分地区未受到第三纪和第四纪大陆冰川的影响，因而保存有大量的特有珍稀物种，如：大熊猫、金丝猴、朱鹮、华南虎、羚牛、藏羚羊、褐马鸡、绿尾虹雉、白鳍豚、扬子鳄、水杉、银杉、珙桐、台湾杉、银杏、百山祖冷杉、香果树等。在必修三《稳态与环境》中种群和群落相关内容的教学中,结合以上内容让学生了解我国丰富的动植物资源,激发他们的爱国热情。

四、宣扬环保职责,增强爱国意识

环保教育是生物学教学的重要内容,与社会主义核心价值观教育有着一致性。虽然我国野生动植物资源丰富,但由于人们认识的匮乏以及现代社会的高速发展和各种高新科技的诞生,在提高人们生活质量的同时,环境恶化程度也在加剧,导致众多宝贵的野生动植物资源遭到严重的破坏。如高原羚羊、白鹤、野马、黄腹角雉、白臀叶候等近百种野生珍稀动物由于生存环境的严重破坏或是人们的滥捕乱杀而基本灭绝;野生石斛、重楼、冬虫夏草等名贵中药材也因无可持续发展的采集而面临枯竭。人类对资源无计划地开采利用,致使我国生态系统遭受到巨大的破坏,如森林覆盖率急速下降、水土流失严重、洪水泛滥、河流干涸、地表塌陷、土地沙漠化、石漠化、生物多样性锐减等等。在学习高中生物必修三《稳态与环境》中生态系统相关内容时,列举上述这些触目惊心的现状,宣扬环保职责,让学生感受到作为祖国一员,保护生态家园的紧迫感和责任感,从而增强爱国意识。

五、展示先锋垂范,弘扬爱国精神

中华民族是一个伟大的民族,不仅具有强大的凝聚力,更具有自强不息、顽强拼搏、与时俱进的民族精神。无论是古代中国还是新中国成立以来,都人才辈出,都涌现出了众多怀着满腔爱国热情的科学家,他们不谈享受、不谈个人利益,而是舍小家顾大家,为中华民族之崛起而奋斗,为祖国的繁荣昌盛做出了巨大的贡献。如我国著名的环境学家、生态学家马世骏教授1948年赴美留学,先后获得了硕士学位和博士学位,1952年坚决放弃了国外优厚的待遇,毅然回国为祖国的科学事业奋斗终生。他通过不懈的努力,解决了我国千百年来无法根治的蝗灾问题,他提出的"整体、协调、循环、再生"的战略方针为我国的环境治理作出了巨大的贡献。再如,被誉为"中国海洋研究奠基人"、"中国克隆之父"的生物学家童第周在比利时时京大学留学期间,由于国家的落后、侵略者的入侵而被同行同学看不起,于是暗下决心:"一定要靠自己的努力,为中国人争口气"。后来他通过刻苦的专研和不懈的努力完成了导师达克教授都无法完成的高难度蛙卵去膜实验。1934年年底,他不顾日本侵略军即将发动大规模侵华战争的危险,毅然放弃耶鲁大学高薪的挽留和安稳的工作而回国,经过多年的刻苦钻研揭示了胚胎发育的极性现象,并在细胞核质关系的研究中取得巨大的成果。在生物学课堂教学中,教师还可以列举侯学煜、李继侗、刘慎鄂、钱崇澍等生物学家的先进事迹,不仅让科学家成为学生学习的榜样,还能激发学生为祖国更加繁荣昌盛而顽强拼搏、为祖国的现代化事业奋斗终生的爱国精神。

社会主义核心价值观承载着56个民族、一个国家的精神追求,其在高中生物学中的渗透有着可持续发展的教育、社会责任感的教育、自然哲学教育、科学人文精神教育等众多方面。本文主要从爱国教育方面浅谈了在高中生物教学中如何对其进行渗透,更广泛的、更有效的渗透方法还需要我们每一个教育工作者用心去探索、去研究、去实践。总之,对高中生物学教学中如何渗透社会主义核心价值观的研究,我们一直在努力、一直在路上、始终没停止过。

参考文献:

[1]李霖,叶依能.我国古代酿酒技术的发展[J].中国农史,1989(4)

[2]孙金荣.《齐民要术》研究[D].济南:山东大学,2014

[3]李文宗.中国医药的世界贡献[J].今日中国,2015(11)

[4]刘小龙.纪念人工全合成结晶牛胰岛素50周年[J].生命科学,2015,27(6)

[5]李白薇.基因组计划的中国记忆[J].中国科技奖励,2015(198)

[6]樊金拴,葛文官,邢跃进.我国野生动植物资源现状与保护管理对策[J].林业调查规划,2005,33(4)

[7]王岩.我国卓越的实验胚胎学家童第周[J].中国科学院院刊,2002,17(5)

高中信息技术教学中渗透社会主义核心价值观研究

作者:罗占东

摘要:对学生进行社会主义核心价值观渗透是一个非常重要的教育,在传授给学生知识的同时,更要渗透对学生的品德思想教育。高中信息技术是一门操作性强、学生乐于学习的科目,随着互联网的发展,Internet上有大量有助于青少年成长的有益信息,也泛滥着不科学、不健康的信息,给学生带来消极的后果。信息技术教师在课堂中有意识地对学生进行渗透社会主义核心价值观的教育,是十分必要的教育。

关键词:高中教学;信息技术;渗透;社会主义核心价值观

"爱国、敬业、诚信、友善",是公民基本道德规范,是从个人行为层面对社会主义核心价值观基本理念的凝练。它覆盖社会道德生活的各个领域,是公民必须恪守的基本道德准则,也是评价公民道德行为选择的基本价值标准。在教学中渗透社会主义核心价值观是广大教育工作者的共识。社会主义核心价值观对人类发展过程中的重要意义是不言而喻的,尤其是在新课程改革下提出的"以人为本"、"和谐教育"等新理念,更是要求教师从传统的"重智育轻育人"的思想中转变为"一切为了学生、为了学生的一切,教学生做人"中来。

一、结合学科特点全面深刻的理解社会主义核心价值观

社会主义核心价值观的内容十分丰富,在信息技术教学过程中要渗透社会主义核心价值观,教师首先要做到自己心里有数。新课程标准下信息技术课每周两节,学生一般是不会把课堂以外的时间花在这门学科上的,即使在课堂上,学生对电脑的兴趣高于一切,不可能坐在那里认真地听信息技术老师去讲社会主义核心价值观。所以,作为信息技术教师,首先自己要对社会主义核心价值观有一个全面深刻的理解,在教学实践的过程中结合学科特点,不露痕迹地进行社

会主义核心价值观的渗透,做到"随风潜入夜,润物细无声",让学生不感到是在接受思想教育,在潜移默化中学到一些做人的道理,接受深刻的思想教育,形成正确的价值观、人生观和世界观。

二、锻炼学生的自学能力

现在的学生大多数是独生子女,"万千宠爱于一身"的他们,普遍表现为学习上怕吃苦,自主学习能力低下,在学科教育中,我们信息技术教师就要充分利用好信息技术学科学生喜欢学、求知欲强的优势,在课堂教学中结合各种各样的主题,创设学习情境,采用任务驱动法教学,有意识开展让学生自学、主动探索去获取知识,让他们享受通过自己的努力获得成功的喜悦,培养他们的自主学习能力。如:我们可以在课堂中提出一些与本节课内容有关的难题,让学生组成小组一起攻破这些难题,在他们自学的过程中教师可以适当给予提示,让学生联系以前所学的知识,再结合自学本节的内容,使学生能顺利攻破我们所设立的难题。这些任务可以是具体学科的任务,也可以是真实性的问题情景,使学生置身于教师所提出的问题、思考问题、解决问题的动态过程中进行学习。通过一个或几个任务,把相关的前后所学的知识和能力要求作为一个整体,有机地结合在一起。学生在完成任务的同时,也就完成了所需要掌握的学习目标,在学生完成任务后及时给予一些鼓励性的赞扬。

三、在教学中教师要时时处处渗透社会主义核心价值观

一个人只有热爱自己的祖国,才能立志为祖国效力。所以,每个教师在教学工作中要时刻不忘关心和关注青少年的理想信念的建立,引导学生树立正确的英雄主义历史观和爱国信念,弘扬中华民族的传统文化和伟大的民族精神。

在讲授计算机发展简史时,不仅要使学生认识到我国研制计算机的时间相对较短,更要通过介绍国内计算机研究历史,让学生知道我国在巨型计算机的研制方面已处于世界领先水平,如银河系列。在计算机CPU研制方面,我国已经拥有独立知识产权的"龙芯"芯片,而且"龙芯3号"其低成本、低功耗的技术使国内CPU研制赶上世界领先水平。通过这些激发学生民族自豪感,激励学生为我国赶上发达国家而刻苦学习。在讲授计算机软件知识的同时,介绍中国软件行业的求伯君、王江民等为中国的软件发展所作出的努力和所付出的艰辛,从而激发

学生学习的积极性。在讲授软件的版权问题时,让学生明白使用盗版软件的危害,使学生了解知识产权保护的意义,不使用盗版软件,自觉维护正版软件的利益。

四、培养学生的良好习惯

良好习惯的养成不是一朝一夕的事,从学生的认知特点来看,他们爱问,好动,模仿性、可塑性极强。因此对中学生而言,要注意从点滴做起,并持之以恒,良好的习惯会使其终身受益。学校机房的利用率很高,设施也很贵重,如果不按要求操作,很容易损坏机房设备,影响整个教学工作的正常开展。在新学期新生第一次进入机房前,笔者都要求他们先学习《机房和计算机使用制度》;并给每台计算机编号,让学生对号入座,没有特殊情况不可以随意调换座位,做到责任到人,这样他们在使用计算机的时候就会更加爱护财物。另外要求学生规范地操作计算机。例如正常开关机;离开教室前一定将凳子、鼠标、键盘放回指定地点;自觉维护和保持机房的整洁,将用过的鞋套放进垃圾桶,处处体现学生诚实守信的风尚。

五、在思维碰撞中渗透社会主义核心价值观

高中阶段,正是学生的人生观、价值观形成和发展的重要阶段,在这个时间段中,对人对事的看法已经逐步在每位同学心目中萌芽。同时,这段时间人生观、价值观的可塑性很强,可以巧妙地运用信息技术学科中的内容引导同学们讲出对人、对事,甚至对自己的想法、看法,并由老师跟学生一起辨别是非。所以根据信息技术学科内容巧设思辨性的话题,让学生们都讲出来并一起分析、探讨、总结,从而达到社会主义核心价值观教育与信息技术教学的双赢。让正反双方角色互换,通过论述来维持原先的"反面"观点。通过课堂评价,笔者发现,通过这样的活动,同学们都深刻领悟了合理使用信息技术的真谛,同时在合作辩论中增强了友善意识,在辩论中社会主义核心价值观的形成也迈进了坚实的一步,更有几位同学通过结合当前计算机病毒、网络谣言等时事进一步加强了民主法制的观念。

总之,信息技术教学中的社会主义核心价值观内容,不可能像学科知识那样明显,它是内在的、个别隐蔽、深层的,社会主义核心价值观是与学科知识融合在

一起的。作为信息技术学科教师，要充分发挥学科特长，深入挖掘教材的社会主义核心价值观内涵和搜集社会主义核心价值观素材，加强自身的修养，在教学过程中有机地进行社会主义核心价值观渗透教育。社会主义核心价值观是我们的立身之本，理应成为时代的社会风尚，人人学习，人人践行。

参考文献：

[1]徐伟新等.社会主义核心价值观研究.中共中央党校出版社.2016.

[2]胡溶.高中信息技术德育渗透的探索.广东教育.2003.

高中生社会主义核心价值观现状的调查与对策分析

——以贵州省罗甸县第一中学为例

作者:秦莉

摘要:作为培育践行社会主义核心价值观重要阵地的高中学校,理应针对人才培养的特殊性,准确把握学生思想政治动态,全面了解社会主义核心价值观在学生中的认知践行情况。本文通过问卷调查,研究与分析了高中生社会主义核心价值观的现状,并提出对策建议。

关键词:高中生;社会主义核心价值观;现状;对策

我校申报的课题《高中学科教学中渗透社会主义核心价值观研究》在"2015年首届黔南州教育发展研究十大招标课题"中成功立项。为了更好地了解学校师生对社会主义核心价值观的情况,保证课题研究的顺利进行,我们设计了"罗甸县第一中学学科教学渗透社会主义核心价值观的现状调查问卷(教师卷)(学生卷)",对教师和部分学生做了问卷调查。

本次调查,课题组采用了网络平台制作了调查问卷,邀请我校师生点接网络问卷地址填写问卷。共有196名教师和高一、高二、高三年级2052名学生填写了问卷。

一、高中生认同与践行社会主义核心价值观的现状

1.高中生对社会主义核心价值观认知上呈良性态势,但对部分内容认知不够

调查表明,当前高中生对社会主义核心价值观认知上呈良性态势。有92.15%的学生正确选择了党的十八大报告中社会主义核心价值观倡导的主要内容;有79.48%的学生认为开展社会主义价值观教育很重要和重要;97.12%认为道德对一个人来说很重要;近年来中央十分重视未成年人思想道德建设,91.84%觉

得非常必要；有93.66%的学生认为做人应该讲诚信；有88.94%的学生认为生活水平提高了，很有必要提倡勤俭节约；有88.94%的学生认为经济发展了，很有必要艰苦奋斗；有90.59%的学生认为非常有必要升国旗；有73.59%的学生认为周围的多数同学非常爱国和比较爱国；90.05%的学生能正确回答我国的国歌歌名；88.65%的学生认为爱国主义应该成为我国"民族精神"的核心内容；当问及"如果你有条件并考虑出国留学，你的动机最可能是什么"，50.24%的学生选择"学习先进的文化知识，回来为国效力"；有36.74%的学生经常和52.49%的学生偶尔通过各种渠道(新闻联播、报纸、网络等)了解或关注国家大事。

调查表明，有部分学生对社会主义核心价值体系和社会主义核心价值观的一些概念和问题的认识不足，并存在模糊、存在偏差、甚至还有错误的认识倾向。如仍有7.85%的学生不知道社会主义核心价值观倡导的主要内容；17.15%的学生不了解社会主义核心价值观的具体内涵，对马克思主义信仰存在严重的淡化，7.6是学生不信仰马克思主义和47.08%的学生说不清自己是否信仰马克思主义；有9.5%的学生不知道我国的国歌歌名是什么；8.38%的学生说不清如果有条件并考虑出国留学的动机最可能是什么；4.29%的学生认为对自己有利时讲诚信，对自己不利时不讲诚信；10.19%的学生认为周围的多数同学不太爱国，15.01%的学生说不清周围的多数同学是否爱国。

以下是罗甸一中对社会主义核心价值观现状调查的部分统计：

选项	小计	比例	
A.应该	1819		88.65%
B.不应该	27		1.32%
C.说不清楚	206		10.04%
本题有效填写人次	2052		

罗甸一中学生对"爱国主义"是否应该成为我国"民族精神"的核心内容的认知

选项	小计	比例	
A. 非常爱国	475		23.15%
B. 比较爱国	1035		50.44%
C. 不太爱国	209		10.19%
D. 不爱国	25		1.22%
E.说不清楚	308		15.01%

罗甸一中学生对周围的多数同学是否爱国的认知

163

选项	小计	比例
A. 非常必要	1859	90.59%
B. 较有必要	163	7.94%
C. 没必要	16	0.78%
D. 无所谓	14	0.68%
本题有效填写人次	2052	

罗甸一中学生对是否有必要升国旗的认知

选项	小计	比例
A. 很重要	1993	97.12%
B. 不太重要	27	1.32%
C. 不重要	14	0.68%
D. 说不清	18	0.88%
本题有效填写人次	2052	

罗甸一中学生对"道德"认知统计

选项	小计	比例
A. 非常必要	1673	81.53%
B. 有些必要	350	17.06%
C. 没必要	15	0.73%
D. 说不清	14	0.68%
本题有效填写人次	2052	

罗甸一中学生对"节约"认知统计

选项	小计	比例
A.是	930	45.32%
B.否	156	7.6%
C.说不清楚	966	47.08%
本题有效填写人次	2052	

罗甸一中学生对"马克思主义"态度统计

选项	小计	比例
A.立即报告	557	27.14%
B. 假装没看见	196	9.55%
C. 不报告,但鄙视这种行为	1105	53.85%
D. 别人作弊,我也跟着作弊	6	0.29%

选项	小计	比例	
E.不清楚	188		9.16%
本题有效填写人次	2052		

罗甸一中学生对"不诚信行为"态度统计图

选项	小计	比例	
A. 非常了解	149		7.26%
B. 比较了解	605		29.48%
C. 了解	946		46.1%
D. 不了解	352		17.15%
本题有效填写人次	2052		

罗甸一中学生对"社会主义核心价值观的具体内涵"统计

选项	小计	比例	
A.学习先进的文化知识,回来为国效力	1031		50.24%
B. 感受了解异国文化,丰富自己	555		27.05%
C. 以便在国外寻求更好的发展	117		5.7%
D. 为了增强将来回国求职的竞争力	177		8.63%
E.说不清	172		8.38%
本题有效填写人次	2052		

罗甸一中学生对"爱国"统计

选项	小计	比例
A.很满意	32	
B.满意	57	
C.不太满意	90	
D.很不满意	12	
E.说不清	5	
本题有效填写人次	196	

罗甸一中教师对当前我国中小学生的思想品德状况评价统计

2、从符合社会主义核心价值观的行为判断来看,整体积极向上,但践行社会主义核心价值观的自觉性不强

调查表明,从符合社会主义核心价值观的行为判断来看,整体是积极向上的,大多数学生在当前的学习生活中正在践行爱国、文明、诚信、公平、友善。如:

"在现实中遇到不文明行为时",40.79%的学生选择置之不理,但自己不会这样做,42.06的学生会上前制止;"当你见到有同学考试作弊等不诚信的行为时",有27.14%的学生会立即报告和53.85%的学生不报告,但鄙视这种行为;"当你看到有人遇到困难时",有7.36%的学生选择不顾一切,挺身而出和82.55%的学生选择尽自己最大的力量帮助;"如果你在公交车上刚找到个座位,看到旁边站着个老人或孕妇",92.9的学生选择会立即让座;"假期里,你常常帮父母做家务吗",77.1%的学生选择经常帮;"如果你取钱时,银行的自动取款机出了毛病,多取了500元",53.31%的学生选择立即将钱退还银行和37.33%的学生选择考虑一下,最终还要将钱退还银行;"你最好的朋友让你在考试时关照他",78.12%的学生选择婉言拒绝;21.2%的学生选择"经常"为遇到的残疾人、老人或其他需要帮助的人,提供过钱物或其他帮助,54.58%的学生选择"有时";当上课要迟到,83.77%的学生选择不会抄近道而践踏草坪;当你看到有人遇到困难时,有82.55%的学生选择会尽自己最大的力量帮助。

调查表明,但仍有一部分学生践行社会主义核心价值观的信念还不够坚定,导致践行社会主义核心价值观的自觉性不强,并对社会主义核心价值观存在知行脱节现象,如看到有人遇到困难时,82.55%的学生选择了尽自己最大的力量帮助,但在向社会献爱心活动时,只有28.41%的学生选择非常积极;"你是否主动为遇到的残疾人、老人或其他需要帮助的人提供过钱物或其他帮助",只有21.2%的学生选择经常。仍有部分学生注重个人需求和人生发展,忽视了社会责任及义务,还在一定程度上表现出利己主义的倾向。如:"你上学读书最重要的一个目的是什么,45.13%的学生首选考大学将来找个好工作,只有22.03%的学生选择为社会、为国家服务。14.57%的学生选择从不参与参与学校、社区开展的公益活动(如义务劳动、慈善募捐、敬老院慰问老人);52.83%的学生选择今年没去过爱国主义教育示范基地(如烈士陵园、纪念馆、博物馆等);教师和学生对当前我国中小学生的思想品德状况的总体评价是不太满意和很不满意的都就超过半数;"你认为在我们身边存在哪些不诚信的现象",85.77%的学生选择考试作弊,78.65%的学生选择说谎,66.28%的学生选择借钱不还,77.29%菜学生选择说话不算数。

以下是罗甸一中对社会主义核心价值观现状调查的部分统计:

选项	小计	比例
A.不顾一切,挺身而出	151	7.36%
B. 与我无关,不闻不问	32	1.56%
C. 在一旁观看	35	1.71%
D. 尽自己最大的力量帮助	1694	82.55%

E.不清楚	140	6.82%
本题有效填写人次	2052	

罗甸一中学生看到有人遇到困难时的态度统计

选项	小计	比例
A. 非常积极	583	28.41%
B. 比较积极	1163	56.68%
C. 不太积极	275	13.4%
D. 不积极	31	1.51%
本题有效填写人次	2052	

罗甸一中学生在向社会献爱心活动时行为统计

选项	小计	比例
A.学习先进的文化知识,回来为国效力	1031	50.24%
B. 感受了解异国文化,丰富自己	555	27.05%
C. 以便在国外寻求更好的发展	117	5.7%
D. 为了增强将来回国求职的竞争力	177	8.63%
E.说不清	172	8.38%
本题有效写人次	2052	

罗甸一中学生考虑出国留学的动机统计

选项	小计	比例
A. 置之不理,但自己不会这样做	837	40.79%
B. 上前制止	863	42.06%
C. 别人都这么做,我有时也这么做	103	5.02%
D. 不清楚	249	12.13%
本题有效填写人次	2052	

罗甸一中学生"不文明行为"态度统计图

选项	小计	比例
A.2次以下	550	26.8%
B. 3—4次	290	14.13%

C. 5次以上	128	6.24%
D. 没去过	1084	52.83%
本题有效填写人次	2052	

罗甸一中学生当年去爱国主义教育示范基地统计

选项	小计	比例
A. 经常	435	21.2%
B. 有时	1120	54.58%
C. 很少	439	21.39%
D. 从不	58	2.83%
本题有效填写人次	2052	

罗甸一中学生对"友善"态度统计

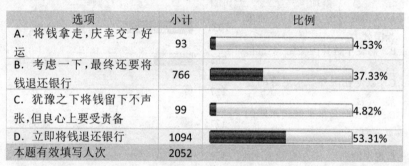

选项	小计	比例
A. 将钱拿走,庆幸交了好运	93	4.53%
B. 考虑一下,最终还要将钱退还银行	766	37.33%
C. 犹豫之下将钱留下不声张,但良心上要受责备	99	4.82%
D. 立即将钱退还银行	1094	53.31%
本题有效填写人次	2052	

取钱时,银行的自动取款机出了毛病,多取了500元的"诚信"行为统计

选项	小计	比例
A、考试作弊	1760	85.77%
B、说谎	1614	78.65%
C、借钱不还	1360	66.28%
D、说话不算数	1586	77.29%
本题有效填写人次	2052	

罗甸一中学生对"不诚信"态度统计

选项	小计	比例
A. 会	184	8.97%
B. 不会	1719	83.77%
C. 没人时会,有人时不会	149	7.26%
本题有效填写人次	2052	

选项	小计	比例
A. 满口答应	85	4.14%
B. 告诉他你会见机行事	364	17.74%
C. 婉言拒绝	1603	78.12%
本题有效填写人次	2052	

罗甸一中学生对最好的朋友让其在考试时关照行为统计

3、教师主体思想认识高,但课堂教学渗透存在亟待改进的问题与环节

在价值观实施的过程中教师的引导起着不可忽视的作用。大部分教师主体思想认识高,但部分教师缺少社会主义核心价值观教育方面的知识学习和技能培训,相关课堂渗透社会主义核心价值观的经验明显不足。调查表明"近年来中央十分重视未成年人思想道德建设,对此您觉得",有91.84%的老师选择非常必要;有6.63%的老师不能正确选择党的十八大报告中社会主义核心价值观倡导的主要内容。"您在自己担任的课程教学中,对学生进行社会主义核心价值观教育的情况是",只有42.86%的老师选择全面进行,有4.08%的老师选择基本没进行性和没进行;"据您的了解,总体上您怎样评价当前我国中小学生的思想品德状况",有45.92%的老师选择不太满意,有6.12%的老师选择很不满意,有2.55%的老师选择说不清。

"你认为自己受到思想品德教育,从以下哪项获得最多",46.49%的学生认为来自老师;"你的思想政治课老师在课堂上讲过社会主义核心价值观的问题吗",从没讲过和记不清的占6.48%;"你的语文课、历史课、地理课、艺术课等课程的老师,在课堂上讲过社会主义核心价值观的有关内容吗",从没讲过和记不清的占12.33%,偶尔讲到59.11%,经常讲到的只有28.56%。

以下是罗甸一中对社会主义核心价值观现状调查的部分统计:

选项	小计	比例
A.经常讲到	1221	59.5%
B. 偶尔讲到	698	34.02%
C. 从没讲过	37	1.8%
D. 记不清	96	4.68%

罗甸一中思想政治课渗透社会主义核心价值观情况统计

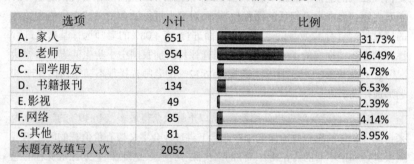

选项	小计	比例	
A.经常讲到	586		28.56%
B. 偶尔讲到	1213		59.11%
C. 从没讲过	98		4.78%
D. 记不清	155		7.55%
本题有效填写人次	2052		

罗甸一中其他课堂渗透社会主义核心价值观情况统计

选项	小计	比例	
A.信仰	99		50.51%
B. 不太信仰	46		23.47%
C. 不信仰	8		4.08%
D. 说不清	43		21.94%
本题有效填写人次	196		

罗甸一中教师信仰马克思主义情况统计统计

选项	小计	比例	
A. 家人	651		31.73%
B. 老师	954		46.49%
C. 同学朋友	98		4.78%
D. 书籍报刊	134		6.53%
E.影视	49		2.39%
F.网络	85		4.14%
G.其他	81		3.95%
本题有效填写人次	2052		

罗甸一中学生思想品德教育获取渠道统计

二、高中生社会主义核心价值观教育实施对策

1.转变教学理念,改进教学方式

调查显示,有46.49%的学生认为自己受到"教师"思想品德教育最多,但有6.06%的教师不能正确选择社会主义核心价值观内容。当问到"在你的语文课、历史课、地理课、艺术课等课程的老师,在课堂上讲过社会主义核心价值观的有关内容吗"？回答"从没讲过"的学生占30%,"偶尔讲到"的学生占69%,"经常讲到"的学生只有11%。这就反映出社会主义核心价值观教育总体上仍处于自发状态,中学教师在教学过程中的认识程度、落实程度不够。基于以上问题,首先,学校要加强教师渗透社会主义核心价值观教育观念的转变。学校可以借助每周

170

的教职工会议、教研会议,对教师进行相关教育理论和社会主义核心价值观内容的培训,使教师真正认识到在课程教学活动中渗透社会主义核心价值观内容对于培养学生正确的价值观的重要性,从而在日常教学活动中自觉地渗透社会主义核心价值观内容。其次,教师要注意调动学生学习的积极性,积极改进教学方法。如多采用启发式、探究式、合作式等教学方法渗透社会主义核心价值观内容,利用课堂活动与课外实践相结合的教学模式,不断增强社会主义核心价值观教育的实效性。

2.切实提高教师素养和社会主义核心价值观认知、践行水平

提高高中社会主义核心价值观教育实效性需要具备很多条件,其中提升教师理论水平是关键。调查显示,教师的理论素养不高,马克思主义信仰淡化。有6.63%的教师不能正确回答党的十八大报告中社会主义核心价值观倡导的主要内容;有50.51%觉得身边的大部分教师信仰马克思主义;对于党的十七大提出了建设社会主义核心价值体系内容,回答正确的有51.3%。因此,提高教师的素养,是提高高中社会主义核心价值观教育实效性的关键所在。首先,教师要加强共产主义理想教育、马克思主义教育、中国特色社会主义共同理想教育、社会主义核心价值观等方面的学习,自觉认同、并践行诸如爱国、敬业、诚信、公正等价值观。其次,教师应具备广博的学识和高超的教学能力。从而为高中学科教学中渗透社会主义核心价值观奠定基础。再次,教师要营造平等、和谐、民主的课堂氛围。教师要充分调动学生学习和自主管理的积极性与主动性。营造平等、和谐、民主的课堂氛围,其实也是培养民主、平等、友善、和谐等价值观的过程。最后,教师在课堂中渗透法制观念。引导学生践行"法治"理念。

3.利用各类教育资源,加强多渠道渗透

调查表明,教师认为高中学校渗透社会主义核心价值观的有效途径是:"课堂教学渗透"占93.88%,"校园文化渗透"占92.35%,"社会实践渗透"占85.2%,"管理育人渗透"占69.9%。因此,学生学习、践行社会主义核心价值观除了加强课堂教学渗透外,学校应积极抓好校园文化和社会实践的渗透教育。学校要组织开展价值观教育的社团活动、科技活动、价值观主题教育讲座;学校要抓好每个纪念日或传统节日,开展相应的价值观教育活动。学校开展价值观教育的知识竞赛、演讲、红歌比赛、辩论等活动;教师可以组织学生学习学校的宣传栏、名言、壁画等物质资源。

通过社会实践环节,学生在实践活动中真正体会和践行价值观。第一,教师要引导学生在社会场所接受教育,参加一些社会调查活动。如,参观青少年宫、

文化馆、科技馆、动植物园、博物馆、美术馆等,培养学生的创新精神;参观文化历史纪念馆、文化历史遗址遗迹等,让学生了解中华民族优秀的传统文化、灿烂的历史文化;参观名山大川、各类风景名胜,培养学生爱国主义情怀。让学生在外实践过程中感受社会主义价值观教育、自觉践行社会主义核心价值观,在对外界社会的认识过程中增加社会责任感。第二,学校要组织学生积极参加、社区服务、志愿服务活动。如在在敬老院照顾老人的过程中,增强学生理解父母的辛苦,培养学生孝敬父母的美德。在孤儿院和孩子们一起活动,增强学生理解自己的幸福生活是来之不易的,从而更加努力学习;这些社会实践活动,都是在潜移默化地培养学生自觉践行价值观。